本书由科技部国家重点研发计划"主动健康和老龄化科技应对"重点专项"基于区块链的老年主动健康智能照护平台研究与应用示范课题二：科技养老照护服务标准与评价体系"（项目编号为2020YFC2008700；2020YFC2008702）资助、上海市公共卫生重点学科建设（GWVI-11.1-49）、上海市加强公共卫生体系建设三年行动计划（GWVI-6）资助

U0742608

AI技术赋能
居家养老服务实践

AI JISHU FUNENG
JUJIA YANGLAO FUWU SHIJIAN

李艳梅　李立峰　吴　韬　主编

中国社会出版社
国家一级出版社·全国百佳图书出版单位

图书在版编目（CIP）数据

AI 技术赋能居家养老服务实践 / 李艳梅，李立峰，
吴韬主编 . -- 北京 ：中国社会出版社，2024. 8.
ISBN 978-7-5087-7088-8

Ⅰ. D669.6-39

中国国家版本馆 CIP 数据核字第 2024HS6331 号

AI 技术赋能居家养老服务实践

出 版 人：程　伟
终 审 人：郑双梅
责任编辑：马　岩
装帧设计：李　尘
出版发行：中国社会出版社
　　　　　（北京市西城区二龙路甲 33 号　邮编 100032)
印刷装订：北京虎彩文化传播有限公司
版　　次：2024 年 8 月第 1 版
印　　次：2024 年 8 月第 1 次印刷
开　　本：170mm×240mm　1/16
字　　数：173 千字
印　　张：13
定　　价：48.00 元

编 委 会

前　言

　　我国 20 世纪末已进入老龄化社会，当前我国老龄化进程明显加快。面对人口老龄化的严峻形势，党的十九届五中全会明确提出"实施积极应对人口老龄化国家战略"。"十四五"时期是应对人口老龄化的重要窗口期，政府围绕健康中国、积极应对人口老龄化出台了一系列的措施和政策。

　　我国目前有居家养老、社区支持养老和机构养老三种基本养老方式，"9073"养老服务格局是三种养老方式的艺术构成。"9073"养老服务格局即 90% 左右的身体状况较好、愿意和子女在一起的老年人，采取以家庭为基础的居家养老；7% 左右的老年人依托社区的养老服务中心，接受日间照料；3% 左右的老年人通过机构养老予以保障。这一养老服务格局既符合我国国情和时代发展要求，也符合我国老年人的养老愿望。我国"十三五"规划纲要强调并构建了以居家为基础、社区为依托、机构为补充，推动医疗卫生和养老服务相结合的养老服务体系，其中居家养老占据基础地位，符合我国现行的"9073"养老国情，已经成为国家、各级政府和全社会都非常重视的养老方式。全面推进养老服务体系中具有基础地位的居家养老服务的发展和完善，是破解我国养老服务难题的重要出路。如何优化升级现有的居家养老服务体系，成为各界极为关注的议题。

　　与此同时，人工智能、大数据、物联网、云计算、移动互联网等新一代信息技术的发展和延伸为居家养老服务提供了新的解决思路。近几年，大量智慧养老的应用和服务涌现。然而，综观整个养老行业，智能化水平程度普遍比较弱，特别是目前居家养老服务在推动智能化方面，不同地区和技术实施情况存在差异，导致部分地区或机构之间存在"智能化"与"居家养老服务"脱节的现象。因此，如何利用好智能技术发展居家养老成为当前重要的研究课题。

本书融合了居家养老服务和智能技术，主要分为两大部分。第一部分为第一章至第四章，介绍了居家养老的基本概况和智慧养老的必要性和可行性，并着重从服务接受视角梳理了不同类型的老年服务需求和服务场景；从服务提供视角介绍了居家养老服务的类型和开展情况。此外，第一部分还梳理了智能技术的发展和应用概况，帮助读者建立对智慧居家养老的基本理解。第二部分为第五章至第九章，分类整理了回应老年人不同养老需求的智慧居家养老的国内外服务案例，具体包含生活照料、康养与康护、安全监控与紧急救助、精神慰藉四个场景，此外还介绍了能综合应对不同场景需求的案例。本书最后对智慧居家养老进行了总结和展望，以期为实践者和研究者提供参考。本书由科技部国家重点研发计划"主动健康和老龄化科技应对"重点专项"基于区块链的老年主动健康智能照护平台研究与应用示范课题二：科技养老照护服务标准与评价体系"（项目编号：2020YFC2008700；2020YFC2008702）资助。

《AI技术赋能居家养老服务实践》编委会
2023 年 8 月 16 日

目　录

第一章

概　述

第一节　我国的养老服务模式

第七次全国人口普查结果显示，我国 60 岁及以上人口占总人口的 18.7%。预计到 2035 年，该比例将超过 30%，即 60 岁及以上人口将突破 4 亿人，我国将进入重度老龄化阶段。

我国养老服务模式的演变经历了两个主要阶段，即养老设施与服务向综合性养老机构、养老地产集中阶段，以及向社区小微机构的扩散阶段。在养老设施与服务向综合性养老机构、养老地产集中阶段，我国养老产业迅速发展，涌现出一批综合性养老机构和养老地产项目。这些综合性养老机构提供全方位的养老服务，不仅满足失能失智老人的需求，也服务健康老人。养老地产项目为老年人提供了基本保障和增值服务。然而，这一阶段也出现了一些问题，如床位供不应求和高空置率并存，护理型服务短缺和健康养老过度建设，凸显出养老机构规模和服务质量不均衡的问题，不能全面满足老年人的多样化需求。

在养老设施与服务向社区的小微机构扩散阶段，养老服务开始回归社区，出现了大量小微养老机构，面向家庭和老年人提供服务。社区养老的依托地位逐渐提升。这一阶段小微养老机构增多，丰富了养老服务的多样性，但也面临着一些问题，如资金、人才和服务资源不足，缺乏有效的盈利模式和完善的现代管理体系。同时，社区养老的组织监管过于分散和碎片化，导致了公共资源浪费和管理不善等情况。

2006 年，第二次全国老龄工作会议首次提出建立以"居家养老为基础、社区服务为依托、机构养老为补充"的中国特色养老服务体系目标。

《"十四五"国家老龄事业发展和养老服务体系规划》进一步提出了居家社区机构相协调、医养康养相结合的养老服务体系和健康支撑体系加快健全的战略。目前,我国养老模式已形成"9073"养老服务格局,即根据国家卫生健康委员会2021年的数据,约90%的老人依靠居家养老、7%的老人依靠社区养老、3%的老人依靠机构养老。本节将详细介绍"居家养老""社区养老""机构养老"三种养老服务方式。

一、居家养老

居家养老以家庭为主体单位,以满足老年人在家庭环境中生活的需求为目标。老年人对家庭环境更熟悉且有依赖性,居家养老有助于维持他们的生活连续性和幸福感。居家养老适用于较为健康和自理能力较好的老年人,他们不需要全天候的监护和照料,但可能需要一些日常生活帮助、医疗护理、社交陪伴等。居家养老并不意味着完全放弃社区和机构的养老服务,也可以获得政府、社区、养老机构等多方面的支持。

居家养老服务涵盖日常生活照料、医疗保健、心理支持、社交活动等各个方面,因其在经济、文化等多方面的独特优势,是老年人情感沟通与价值发挥的现实依托,是中国老年人的首要选择。

二、社区养老

2015年前后,我国养老服务开始回归社区,并出现了大量小微养老机构,这些机构主要在社区中提供服务,面向社区老年人。

社区养老依托社区的资源和服务,为老年人提供全方位的生活支持。其优势在于能够提供比家庭更为专业和全面的服务,如医疗、康复、日常照护等。同时,社区的集体生活方式也能为老年人提供更丰富的社交活动,有效避免老年人孤独感的产生。现阶段社区养老主要通过大型专业化机构支撑全区域的失能失智老人护理,并建立小型分支机构进驻社区,提供社区内老年人的日间照护。另外，养老服务的综合性较强，但由于责任主体分散和资源有限，需要借多种社会力量（如政府、社区工作人员以及志愿者等）的合作与支持。社区养老在居家养老和机构养老之间起到连接的作用，为老年人提供一些无法在家庭中得到的服务。

然而，当前社区养老的服务规模和能力仍有待扩大和提高，尤其在农村地区，社区资源的缺乏使得部分社区养老服务面临着资金、人才和服务资源不足的问题，也缺乏有效的盈利模式和完善的现代管理体系。同时，社区养老的组织监管也面临挑战，由于涉及多家小微企业，监管过于分散和碎片化，造成公共资源浪费、管理不善和服务不专业的问题。

三、机构养老

机构养老是一种集中式的养老服务方式，以专业养老机构为载体，为老年人提供集医疗、护理、照料等多种服务于一体的全面照护。在机构养老中，老年人集中居住在养老机构，享受食宿、医护、康复等全方位的服务。

我国的养老机构种类多样，包括敬老院、福利院和老年公寓等。这些机构主要分为福利性质和市场化运营两种类型。福利性养老机构是由政府主导设立，面向老年人中的特殊困难群体（如"三无人员"和"五保户"），提供生活照料服务。

这种养老模式适用于部分老年人，尤其是身体和精神状况较为脆弱、需要更全面的照料和专业服务的老年人。该模式为无法在家庭或社区获得充分照顾的老年人提供选择，并能够为老年人提供专业、全面的服务。

然而机构养老成本较高，部分老年人难以承担。且养老机构的空间分布也不平衡，位于城市中心的养老机构往往规模较小、陈旧，难以满足老年人的需求，而新的大型养老机构则大多位于城市的边缘地区，给老年人的家庭探访和照顾造成不便。

第二节　居家养老服务的内容、特征和运作模式

一、服务内容

居家养老服务指以家庭为基础，以社区（村）为依托，以社会保障制度为支撑，由政府基本公共服务、企事业单位和社会组织专业化服务、基层群众性自治组织和志愿者公益服务共同组成的养老服务体系，目标是为居家老年人提供全方位的养老服务。

居家养老是应对工业化、城市化和人口老龄化的必然选择，与传统家庭养老有本质区别。传统家庭养老主要依赖血缘关系支持，责任主体和支撑单位主要是家庭或宗亲。而居家养老则强调社会关系支持，责任主体和支撑单位包括家庭、社会和政府。

居家养老服务内容主要包括四大类。第一类为生活照料服务，主要针对老年人日常生活中的基本需求，涵盖起居、餐饮、行动、如厕、助浴、清洁、消毒、服药以及护理等方面，该服务类型对保障老年人生活质量有着基础性作用，将直接影响老年人的生活水平。第二类为康养及康护服务，包括健康管理、日常锻炼、康复训练、中医理疗（按摩、拔罐、针灸等）等项目，该类服务有利于维持老年人的身体机能。第三类为精神慰藉服务，包括但不限于心理疏导、情绪抚慰、家属联动、社交娱乐等，该类服务对于维护老年人心理健康、增强生活幸福感、减轻孤独感至关重要。第四类为安全监控与紧急救助服务，主要关注老年人的安全问题，为老年人提供紧急救援服务，确保他们在意外情况下能够及时得到帮助。

值得注意的是，居家养老服务与家政服务不同：家政服务主要着眼于日常家务，对健康护理要求较低，而居家养老服务更偏重于老人的健康护

理，包括医疗护理、生活照料、营养健康、精神关爱等方面。居家养老服务人员需具备医疗护理等专业知识，充当老年人的"专业照料者"。不过，关注家政服务在居家服务中的经验，国家发展改革委等部门联合印发了《关于支持和引导家政服务业员工制转型发展的指导意见》（发改社会〔2023〕1642 号），鼓励员工制家政企业开展养老托育服务，推动家政服务与社区老年助餐、适老化改造、家庭养老床位、生活服务、商业服务等相融合，延展行业范围。

二、服务特征

传统的家庭养老具有以下特征：无偿性、延续性、单一性、封闭性以及排他性。无偿性是家庭养老的经济属性，体现在居家养老通常由家庭成员提供，如子女、配偶等。这些家庭成员向老年人提供的经济支持、生活照料、精神慰藉等养老资源往往出于家庭责任和情感纽带，是无偿且不求回报的。延续性是家庭养老的时间属性，指老年人从自理期到依赖期的整个生命周期都是在家庭中度过。单一性是家庭养老的空间属性，家庭养老服务内容和资源获取主要在家庭内部完成，老年人的活动范围和养老资源接收场所也主要在家庭内部。封闭性指家庭养老的社交属性，表现在老年人的社交生活和文化活动主要在家庭内部进行。排他性是家庭养老的情感属性，老年人与家庭成员的情感基于血缘、婚姻和抚养关系，无法被他人替代。

居家养老继承了家庭养老的优势，同时又规避了传统家庭养老的弊端。家庭成员依然可以在家庭环境中为老年人提供无偿的服务，这大大降低了养老的经济成本。老年人还可以在家庭延续熟悉的生活方式。此外，在居家、社区和机构养老融合的背景下，家庭以社区为依托也可以购买有偿的服务，同时打破老年人活动空间和社交关系的单一性和封闭性。

三、运作模式

居家养老服务的运作方式涵盖多种模式。政府主导模式是由街道社区组织提供基础养老服务，重视公共责任；社区养老机构模式是由政府委托养老机构提供专业化服务，注重个性化需求；政府购买养老服务模式则是引入市场机制，提升服务质量；社区共建"虚拟养老院"模式鼓励邻里互助，通过虚拟社交平台增进老年人联系；城企联动普惠养老模式是由政府支持企业提供的全方位养老服务，强调公私合作。

居家养老服务以老年人自身的能力和家庭成员提供的服务为主要支持，同时需要社区与养老服务设施作为辅助和依托，为居家养老提供必要的支持和服务。家庭是提供居家养老服务的责任主体，但社会和政府也应该承担相应责任，构建起家庭、社会与政府共同承担责任的养老服务体系。

居家养老的运作方式既体现了社会公益责任，又能利用市场机制提高服务质量和效率。这种综合性的运作方式可以更好地满足老年人多样化的养老需求，推动居家养老、社区养老和机构养老协调发展，构建一个更加完善和可持续的养老服务网络。通过建立长期护理保险制度和养老服务补贴制度，提供税收和购房优惠政策，认同家庭成员养老责任，加大社区养老服务设施的政府投入，规范居家养老服务队伍和提高服务质量，我们可以不断改善老年人的物质生活、精神生活和权益保障，为居家养老服务的发展营造有利条件。同时，这也符合中国传统文化中尊老爱幼的观念，使家庭成为老年人情感沟通的主要载体，为维护社会稳定和促进社会和谐作出贡献。

第三节 居家养老发展现状、问题与趋势

一、现状与问题

居家养老服务模式在整合家庭和社区养老资源方面有独特优势，不仅降低了由人口结构变化引起的经济下行风险，而且减轻了社会养老负担。然而，我国居家养老服务受到经济条件、社会资源和其他因素的限制，也存在一些问题。

首先是基础设施建设不足。社区是居家养老基础设施的主要承载者，但由于社区养老资金相对有限，许多地方的医疗设施建设尚未达到要求，无法满足老年人的医疗保健需求，距离实现"医养结合"养老还有一段距离。部分服务由于人力资源有限，社区在提供居家养老服务时，许多服务不能常态化供给，而是根据老年人的临时需求进行应对，导致照护资源严重不足。

其次是服务内容单一。社区居家养老服务重视满足老年人的日常生活需求，而在精神关怀和心理支持方面则相对薄弱。许多社区不能提供专业的心理慰藉服务，故无法有效解决老年人精神层面的需求。

最后是服务精度较低。随着人口老龄化的加剧，居家养老服务的需求不断增大，但由于人力资源有限，社区居家养老服务的精细化程度不够，无法有针对性地满足老年人的特殊需求。同时，社区居家养老服务缺乏明确的考核、培训、激励和管理机制，导致信息反馈不及时，服务质量难以衡量，阻碍了服务水平的提升。

二、发展趋势

未来居家养老将朝着服务质量标准化和专业化、服务类型多元化和个

性化、服务机构规模化和社会化、科技应用智能化和信息化的趋势发展。

1. 服务质量标准化和专业化

随着居家养老服务的不断发展，服务质量和标准将会不断提升。居家养老服务提供商将建立专业化的服务团队和标准化的服务流程，逐渐实现专业化运作，这将大大提高服务效能和质量。

2. 服务类型多元化和个性化

未来的居家养老服务将会更加注重老年人的不同需求，提供更加多元化和个性化的服务类型。除了提供传统的居家护理和照料服务，居家养老还可以引入更多社交和娱乐元素，以丰富老年人的日常生活。此外，养老服务供应商将针对不同群体的老年人提供更具针对性的服务。

3. 服务机构规模化和社会化

随着居家养老服务的不断发展，服务机构将会逐渐规模化和社会化。规模化和社会化的运作模式可以实现资源共享和优势互补，减少全社会的养老服务成本，提高服务的整体水平，满足老年人的差异化需求。

4. 科技应用智能化和信息化

随着技术的发展，未来的居家养老服务将借助人工智能、物联网、大数据等技术，逐步完善"互联网+居家养老"的智慧养老体系，进一步提高居家养老服务的效率和质量，为老年人提供更加便捷、高效的服务。例如，利用智能健康监测设备实时监测老年人的生理指标，利用人工智能算法可对这些数据进行分析，并及时向老年人和其家属发送健康报告和预警，以预防和应对潜在的健康问题。

居家养老服务的智能化和信息化趋势日益显著，智慧养老体系将逐渐地应用于老年家庭和社区。

第四节 智慧养老的必要性和可行性

智慧养老是一种将"智慧"技术与"养老"服务相结合的养老服务模式，依托智能化设施设备和科技手段，通过线上线下的服务方式，实现养老服务资源的跨界供给与融合，为老年人提供个性化的养老服务，最大限度地满足老年人的养老需求，增强老年人在养老和享老过程中的获得感、幸福感和安全感。

一、智慧养老的必要性

人口老龄化对社会经济、医疗保障、养老服务等方面提出了巨大的挑战。我国的人口老龄化同时伴随着专业照护人员严重不足、养老需求和养老服务供给之间存在巨大差距等问题，技术的应用会有效解决养老服务供需矛盾。通过互联网、大数据、人工智能等信息技术，利用智能化设施设备，能有效提升服务的效率，如智能机器人可以在喂食、翻身、导尿等生活护理层面代替人工，有效解决养老服务人力资源短缺的问题。

此外，随着需求的逐步分化，越来越多的老年人希望获得个性化的服务。智能技术嵌入家庭和社区，通过社区居家养老服务信息平台，可以实时收集和更新、精确捕捉不同老年人的个性化需求。在此基础上，实现对老年人全方位、个性化的服务，有效满足老年人的健康管理、生活照料和精神慰藉等多元化需求，提升老年人的健康水平和增强其幸福感。

智慧技术还可以实现对老年人生理数据的实时采集。通过健康管理服务，平台可以监测健康指标，提供定制化的健康建议，有助于预防和延缓慢性病的发生，提高老年人的健康水平，减轻医疗系统的压力。

二、智慧养老的可行性

信息技术的进步和智能硬件的普及为智慧养老奠定了应用基础。我国在互联网、物联网、大数据、人工智能等领域有着较强的技术积累和市场基础，能够为智慧养老提供技术支持。企业和科研机构在智慧养老领域的研发也较为活跃，已有不少产品和解决方案落地实施。

政策方面，为确保智慧养老服务的推进与落地，党和国家从战略高度进行了全局性顶层设计和整体部署，在法规、政策、基础设施建设、企业扶持等方面为智慧养老的发展提供了支持。

2019 年 3 月，国务院办公厅发布了《国务院办公厅关于推进养老服务发展的意见》（国办发〔2019〕5 号），明确将"实施'互联网+养老'行动"作为发展方向，并指出需要"持续推动智慧健康养老产业发展，拓展信息技术在养老领域的应用，制定智慧健康养老产品及服务推广目录，开展智慧健康养老应用试点示范"。

2022 年国务院印发的《"十四五"国家老龄事业发展和养老服务体系规划》明确了促进老年用品科技化、智能化升级和建设兼顾老年人需求的智慧社会。该规划包含强化互联网、大数据、人工智能、5G 等信息技术和智能硬件在老年用品领域的深度应用与成果转化；加快人工智能、脑科学、虚拟现实、可穿戴等新技术在康复辅助器具中的集成应用，发展各种类型的康复训练器具和健康监测检测设备等，增强康复辅助设备与智能健康产品的实用性与安全性，完善传统服务保障措施，推进智能化服务适应老年人需求，消除"数字鸿沟"。

此外，为进一步推动智慧健康养老产业发展，工业和信息化部、民政部、国家卫生健康委共同印发了《智慧健康养老产业发展行动计划（2021—2025 年）》，进一步明确了智慧健康养老产业的发展愿景，强调要强化信息技术支撑，提升产品供给能力，拓展智慧养老场景，提升养老服务能力。其中智慧养老场景就包含家庭养老床位的智慧化解决方案，该计划为智慧居家养老服务发展提供了依据和指导。

　　总体来说，作为一种集智能化设施、科技手段和服务于一体的养老模式，智慧养老在解决老龄化挑战、优化养老服务供需的必要性和可行性方面具有明显的优势。借助政策的支持，智慧养老有望为老年人提供更个性化、高效的养老服务，增强老年人的获得感、幸福感和安全感，为构建适应老龄化社会的养老体系作出积极贡献。

第二章

居家养老服务需求

居家养老作为我国一种基本养老服务方式，广受老年人欢迎，它既满足了老年人养老的情感诉求，又较好地满足了老年人就地养老、就近养老的服务需求。开展居家养老服务要以老年人为中心，了解服务对象的基本类型和需求。

第一节 居家养老服务对象

一、按经济状况分类

居家养老服务对象按照经济状况主要分为两大类——自愿参与并自费的老年人和政府兜底购买服务的老年人。

第一类是自愿参与并自费的老年人，主要是有一定经济能力的老年人。在居家养老服务出现初期，作为打通居家养老服务"最后一公里"的重要载体——养老服务中心（驿站），兼具公益性和市场化的双重属性。北京市民政局在2022年1月1日起实施的《北京市社区养老服务驿站运营扶持办法》中规定，在完成为服务对象提供巡视探访、个人清洁、养老顾问、呼叫服务四项基本服务外，为基本养老服务对象提供助餐、助浴、助洁、助医等普惠性养老服务，由老年人付费，驿站供应商低偿服务。该办法鼓励居家养老服务驿站和供应商通过开拓市场化的养老服务，满足普通老年人个性化、市场化的养老服务需求。居家养老服务中心（驿站）只要不违反办法中明确规定的"十个严禁"的服务行为，均可明码标价为老年人提供市场化服务。

第二类是政府兜底购买服务的老年人，主要包括低保、低收入家庭，独居老年人家庭，特困老年人家庭，获得过劳动模范荣誉称号的老年人家庭，重点优抚对象的老年人家庭，重度残疾对象，计划生育特殊困难的老年人家庭，重度失能老年人，空巢、留守老年人等。各地政府对居家养老援助服务兜底对象的纳管范围不一样，具体范围以当地民政部门划定的范围为准。

我国高度重视养老服务事业和产业的发展，很多城市大力推进从保障性的兜底养老服务向普惠性的社会化养老服务的转变。以山东省青岛市为例，《青岛市社区居家养老服务管理规范》明确了政府购买服务对象和自费购买服务对象范围。其中，户籍在青岛市行政区域内的 60 岁及以上"三无"、低保老年人，在生活不能自理或半自理的情况下，可向其户籍所在的社区提出申请并经综合评估审批后，确认为政府购买服务的对象。除了政府购买服务补助对象，有服务需求、自愿自费购买服务的老年人，也可向社区提出服务申请，由服务机构指派助老服务员提供有偿或低偿服务。

二、按健康状况分类

老年人的健康状况影响服务的需求。身体处于健康状态的老年人，居家养老服务的核心需求就是保持身体机能、减缓衰老，需要进行健康管理，持续促进身心健康。

身体处于亚健康阶段的老年人，对居家养老服务的需求就是防止患病，需要采取积极有效手段提高身体素质，加强预防保健、防止疾病发生。

处于慢性病阶段的老年人，对居家养老服务的需求就是防止慢性病加剧对生命造成伤害，需要做好慢性病的防治工作，保持老年人的生活质量和生命质量。

处于急危重症阶段的老年人，对居家养老服务的需求是防止死亡发生，做好疾病急性发作期的急救和治疗工作，以保全和延长生命。

处于急危重症治疗后恢复阶段的老年人，对居家养老服务的需求是防止出现康复损伤和残疾，需要做好术后康复和中期照护工作。

处于失能阶段的老年人，对居家养老服务的需求是防止因失去社会照护而缩短生命，需要做好长期照护工作，以保全生命和延长寿命。

处于临终阶段的老年人，对居家养老服务的需求是减轻生理和心理的痛苦，需要做好安宁疗护和精神慰藉工作。具体而言，服务需要为临终老年人及家属提供临终关怀，减轻老年人痛苦，使其有尊严地离世；为家属提供精神慰藉、心理支持和法律援助；协助老年人及家属坦然面对，做好各项准备，处理好后事。

三、按自理程度分类

按照老年人自理程度可分为自理级、介助级、介护级。自理级老人是指日常生活完全自理、不依赖他人护理的老年人；介助级老人是指日常生活依赖扶手、拐杖、轮椅和升降等设施帮助的老年人，如腿脚不便的老人；介护级老人是指日常生活依赖他人护理的老年人，如中风的老人。

《老年人能力评估规范》（GB/T 42195-2022）规范了与自理能力相关的指标，包含自理能力与基础运动能力指标和评分。老年人自理能力指标下共有进食、修饰、洗澡、穿/脱上衣、穿/脱裤子和鞋袜、小便控制、大便控制、如厕 8 个行为指标。基础运动能力指标和评分方面共有床上体位转移、床椅转移、平地转移、上下楼梯 4 个行为指标，见表 2-1。

表2-1　老年人能力评估表

	自理	介助	介护
进食	老年人可以独立完成整个进食过程，包括自行取食、用餐和清理餐具等	老年人很少需要或少部分需要在进食环节得到他人的帮助，例如切割食物、盛菜、喂食等	老年人无法独立完成进食，完全需要或主要需要他人全程照料
修饰	老年人可以独立完成个人修饰，包括梳洗头发、刷牙、洗脸等	老年人很少需要或少部分需要在个人修饰方面得到他人的部分帮助，例如帮助梳洗头发或系鞋带等	老年人无法独立完成个人修饰，完全需要或主要需要他人全程照料
洗澡	老年人可以独立完成洗澡，包括洗浴和擦干身体等	老年人很少需要或少部分需要在洗澡过程中得到他人的帮助，例如辅助淋浴或洗背等	老年人无法独立完成洗澡，完全需要或主要需要他人全程照料
穿/脱上衣	老年人可以独立完成穿/脱上衣的动作	老年人很少需要或少部分需要在穿/脱上衣过程中得到他人的帮助，例如协助穿/脱衣物等	老年人无法独立完成穿/脱上衣，完全需要或主要需要他人全程照料
穿/脱裤子和鞋袜	老年人可以独立完成穿/脱裤子和鞋袜的动作	老年人很少需要或少部分需要在穿/脱裤子和鞋袜方面得到他人的帮助，例如协助其系鞋带等	老年人无法独立完成穿/脱裤子和鞋袜，完全需要或主要需要他人全程照料
小便控制	老年人可以独立完成如厕并控制小便	老年人很少需要或少部分需要在小便控制方面得到他人的帮助，例如协助走动至卫生间或上厕所时的支持	老年人无法独立完成小便控制，完全需要或主要需要他人全程照料
大便控制	老年人可以独立控制大便	老年人很少需要或少部分需要在大便控制方面得到他人的帮助，例如协助走动至卫生间或上厕所时的支持	老年人无法独立控制大便，完全需要或主要需要他人全程照料

	自理	介助	介护
如厕	老年人可以独立完成如厕过程	老年人很少需要或少部分需要在如厕方面得到他人的帮助，例如协助走动至卫生间或上厕所时的支持	老年人无法独立完成如厕，完全需要或主要需要他人全程照料
床上体位转移	老年人能够在床上自行调整体位，独立完成翻身、坐起、躺下等动作	老年人在床上体位转移过程中很少需要或少部分需要他人的帮助，可能需要他人的协助扶持或指导	老年人无法独立完成床上体位转移，完全需要或主要需要他人全程协助，如抬起身体、翻身等
床椅转移	老年人可以自行从床上站起，独立完成床椅转移，包括坐下和站起	老年人在床椅转移过程中很少需要或少部分需要他人的支持，可能需要他人协助稳定、引导或提供扶持	老年人无法独立完成床椅转移，完全需要或主要需要他人全程协助，包括扶持站起、稳定坐下等
平地转移	老年人可以独立行走，完成平地转移，无须他人支持或协助	老年人很少需要或少部分需要他人的协助，在平地行走过程中可能需要扶持、提供稳定等	老年人无法独立行走，完全需要或主要需要他人全程协助，可能需要使用辅助工具或被扶持走动
上下楼梯	老年人能够独立上下楼梯，无须他人协助	老年人在上下楼梯时很少需要或少部分需要他人的支持，例如提供扶持、引导或稳定	老年人无法独立上下楼梯，完全需要或主要需要他人全程协助，可能需要使用扶手或辅助工具，并有他人协助

第二节　服务对象需求类型

老年人的需求可以通过需求层次理论进行系统识别。需求层次理论由美国社会心理学家亚伯拉罕·马斯洛在其1943年出版的《人类动机理论》

一书中首次提出。他认为，人是有需求的动物，其需求取决于他们已经得到了什么，还缺少什么，只有尚未满足的需求才能够影响人的行为。他将人类的需求从低到高分成了五个层次，分别是生理需求、安全需求、归属和爱的需求、尊重需求以及自我实现的需求。这五个层次构成一个具有相对优势关系的等级体系，一种需求满足之后另一个更高的需求就会产生，并成为引导人行为的动力。每个人都有上述五种需求，但由于个体的生理、心理、社会经济特征以及所处的时代背景不同，五种需求的具体表现形态以及满足状况不可避免地会被打上个人及社会烙印。需求层次理论可以为我们理解老年人需求提供理论框架。这五个层次的需求可以对应到我国老年工作的六个"老有"——老有所养、老有所医、老有所乐、老有所教、老有所学和老有所为。（见图2-1）

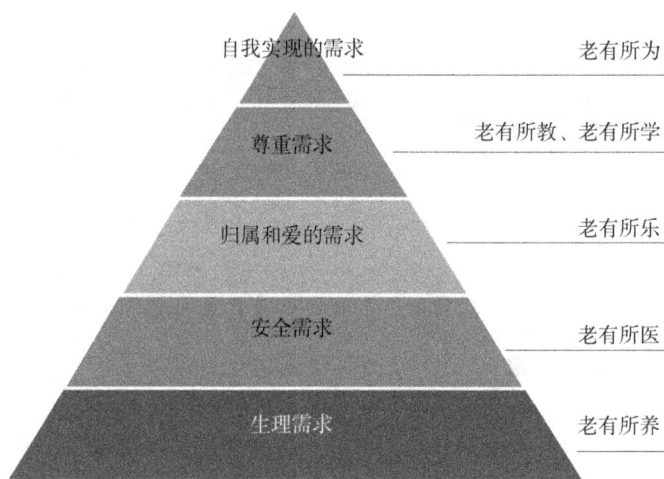

图2-1　老年人的马斯洛需求金字塔

一、生理需求

生理需求是人类维持生命和健康最基本的需求，它包括食物、饮水、住所、睡眠、氧气和性，我们常说的衣食住行就是人的生理需求的体现。

满足生理需求是人类生存和发展的基础。只有在满足了生理需求的前提下，人们才能够追求更高层次的心理和社会需求，实现个人全面发展和幸福的生活。

老年人需要获得充足的营养以维持身体正常的代谢和功能，包括足够的蛋白质、维生素、矿物质和纤维，以支持免疫系统和骨骼健康。此外，老年人需要安全且舒适的居住环境，以确保他们不受外界的不良影响，例如极端天气。适应老年人需求的住所设计可以提供无障碍的设施，便于他们进行日常活动。良好的睡眠对于老年人的健康至关重要。但老年人往往面临失眠、多梦和频繁醒来等问题，创造一个舒适的睡眠环境、养成规律的作息习惯等可以帮助老年人改善睡眠质量。老年人还需要保持适度的活动，以促进循环系统、骨骼和肌肉的健康。适当的锻炼可以帮助老年人保持灵活性、平衡性和力量，减少摔倒风险。老年人需要保持适当的个人卫生，包括洗漱、沐浴、口腔护理等，以保持皮肤健康、预防感染。这些最基本的生活条件满足即通常所说的"老有所养"。

二、安全需求

安全需求主要分为生理与心理健康两个层面，包括防范外界伤害、抵御病毒入侵、减轻恐惧和焦虑等。人身安全、稳定的生活、避免痛苦和疾病威胁，以及保持心理健康都至关重要。我国人口的平均预期寿命已从1950年的43.6岁延长至2023年的78.1岁，越来越多的人能够获得长寿的生命机会。然而，预期寿命的延长并不等同于健康寿命的延长。随着年龄的增长，老年人生理机能逐渐减退，免疫力下降，健康状况可能逐渐恶化，导致行动不便、反应迟钝和生活自理能力减弱。因为生理机能的减弱，老年人特别关注身体健康，因此对医疗保障有着更高的需求。他们期望在生病时能够得到及时的医疗救助，这也就是所谓的"老有所医"。

此外，由于部分老年人缺乏警惕性，一些不法分子以健康为诱饵致使老年人上当受骗，进而导致财产损失和安全事故。安全需求和健康关切在老年人的生活中具有重要地位。通过提供稳定的社会环境、全面的医疗保障和健康教育，可以帮助老年人消除安全隐患，保持身心健康，享受晚年生活的幸福与宁静。

三、归属和爱的需求

归属和爱的需求涵盖了亲情、友情、爱情以及隶属关系等各个方面的需求。马斯洛认为，这些需求代表了人类内在的渴望，即希望能够与他人建立深厚的情感联系，找到自己在社群中的角色，并能够给予和接受爱。人类的社会本质使得我们成为复杂社会关系的一部分，社会性是我们生存和成长的基石。在生理需求和安全需求得到满足之后，社会性需求逐渐浮现出来，成为人们追求的目标。

对于老年人而言，社交所带来的归属感和愉悦感在晚年生活中具有不可替代的作用。退休后，老年人离开工作岗位，从广阔的职场回归相对封闭的家庭空间，这在一定程度上打破了他们对原有社交圈的归属感，社交活动减少，亲情和友情对他们而言变得更加重要，他们更加需要来自家人、朋友和社会的关心、爱护和支持。

在中国传统文化中，家庭是一个人不可或缺的部分。然而，随着社会化和现代化的发展，家庭成员可能分散在不同的地方，传统的多代同堂家庭日益减少，家庭结构更趋核心化和小型化。随着子女因工作、学习、婚姻等原因离开家庭，独居"空巢"老年夫妇越来越多。长期独居可能使他们感到无趣、无助，产生对自身价值的怀疑。他们希望能够重新融入社会，获得组织归属感。

"老有所乐"正是关注老年人的心理状态和内心体验，旨在满足老年人对社交的需求，让他们在晚年阶段继续拥有愉快的生活。

四、尊重需求

在人类需求层次中，位于爱与归属之上的是尊重需求。尊重需求涵盖了两个重要方面，即自尊和被他人尊重。这不仅包括对个人价值和自我成就的满足，还包括社会范围内的尊重与认可。

老年人面临着身体衰老、脏器功能减退、认知和记忆力的减退等问题，这些变化会不可避免地损害老年人的自尊心。此外，老年人的家庭和社会地位逐渐边缘化，被排除在家庭重要决策和管理范围之外，家庭的选择和发展往往由年青一代掌握。此外，随着年龄的增长，老年人的劳动能力逐渐减弱，大多数老年人离开了熟悉的工作岗位和职场环境。身体机能衰退和自我缺失的老年人更加渴望得到尊重和认可。

尊重可以激发老年人对自己、家庭和生活的信心，老年人也怀有将这些经验传承给后代的责任感，有"老有所教"的需求和愿望。社会的高速发展使得老年人如果想继续体现自我、获得尊重就要继续学习，掌握新的知识。"老有所学"在对老年大学的旺盛需求中可以得到体现。

五、自我实现的需求

自我实现的需求是人类需求的最高层次，其目标在于追求个人的理想和抱负，充分发挥自身潜能，实现个人的价值，进而体现生命的真正价值。自我实现的人不仅能够认同自己的价值，还能够欣赏他人为社会所作出的贡献。

尽管年龄增长可能会带来身体上的限制和社会角色的改变，但老年人仍然保持着对个人成长、价值发挥和意义追求的渴望。找到新的角色定位，利用自身智慧和经验，在社会中继续发挥积极作用，是老年人的内在需求。老年人若能适度参与社会活动，发挥个人专长，不仅能够减轻孤独感、失落感，还有益于身心健康，也能为社会的发展贡献力量。

《中华人民共和国老年人权益保障法》提到的"老有所为"正是强调了老年人自我实现的需求的重要性。现今，各地城市社区中兴起了众多老年志愿者队伍和爱心服务团体，老年人自愿组织起来参与社会管理和服务，关心青少年，助力困难群体，充分发挥自身特长和优势，为社会奉献，这些都是值得称赞和推崇的做法。

总的来说，根据马斯洛需求层次理论可以系统构建老年人的生活质量和幸福感。生理需求是人类最基本的需求，包括饮食、居住、睡眠等，也就是通常所说的"老有所养"。安全需求主要体现在"老有所医"上，包含老年人的身体和心理健康、医疗保障、社会环境稳定以及良好居住环境的需求。归属和爱的需求在老年人的社交生活中占据重要位置，这种需求的满足有助于减轻孤独感，维持情绪稳定，实现"老有所乐"。尊重需求涵盖了自尊与被他人尊重，老年人希望得到社会的认可和尊重，以保持自信和价值感。实现这些需求的方式有"老有所教""老有所学"。在自我实现的需求方面，老年人依然追求发挥个人潜能，积极参与社会活动，延续对社会的贡献，从而找到生命的意义和价值，实现"老有所为"。

能否满足这些需求会影响到个体的幸福感和社会的稳定。政府、家庭和社会应该共同努力，为老年人创造一个安全、尊重、关爱的环境，使老年人过上有意义、有价值的晚年生活。

第三节　服务对象需求场景

从老年人的需求出发，居家养老服务的场景只有涵盖老年人的衣、食、住、行、医、健、乐、学等各个方面，才能实现"老有所养，老有所医，老有所为，老有所学，老有所乐，老有所教"的目标。概括而言，居家养老服务需求场景主要分为四个方面，分别是生活照料服务、康养及康护服务、精神慰藉服务、安全监控及紧急救助服务。

一、生活照料服务

老年人的生理变化主要是机体老化以及随之而来的功能障碍。随着时间的推移，人体各个系统、组织和器官的功能逐渐减退，导致了肢体活动能力以及肌肉应激能力的减弱。这些变化最终会导致老年人在日常生活中出现行为障碍。在日常生活中，老年人可能面临多种行为障碍。行走困难、易跌倒、穿鞋如厕不便、起身下蹲困难等问题可能会显著影响他们的独立性和生活质量。这些困难可能让老年人在居家环境中感到不便，甚至可能影响他们的情绪状态和社交活动。正因如此，生活照料服务是居家养老服务中最为重要的一部分。

为老年人提供的生活照料服务具体包括助餐、助洁、助浴、助行、助购等方面。助餐服务可以包括买菜、上门做饭、配餐送餐等，确保老年人获得均衡的营养，充满活力。提供助餐服务时宜注意食品卫生安全，且食品应符合老年人健康饮食的特点。助洁服务涵盖了多个方面，包括上门理发、洗脚、剪指甲，以及打扫居室卫生、清洁物品和衣物洗涤整理。通过提供这些服务，老年人可以保持个人卫生和生活环境的整洁。助浴服务包括上门助浴和外出助浴，确保老年人能够享受到安全、舒适的沐浴体验。提供助浴服务时宜注意设备的安全性，助浴前进行安全提示，做到地面防滑，及时清理积水等。上门助浴时宜根据四季气候状况和老年人居住条件进行防寒保暖、防暑降温及浴室内通风，外出助浴宜选择有资质的公共洗浴场所或有公用沐浴设施的养老机构，助浴过程中宜有家属或其他监护人在场。助行服务包括陪同老年人外出，代办各类手续和费用缴纳等。这有助于老年人保持社交互动，同时减少因为行动不便造成的困扰。很多养老服务供应商为行动不便的老年人提供适老化的出行服务，将老年人的活动范围从家庭延伸到了更广阔的空间。助购服务指为老年人提供的陪同购物和代购物品的支持，确保他们能够获得所需的日常生活用品。一些超市专门为老年人提供送货上门的服务，这也属于助购服务的范畴。

除了上述提到的服务，还可以根据老年人的个体需求，提供个性化的生活照料服务，如为老年人提供智能设备使用培训等助学服务，以帮助他们适应现代科技，更好地与亲友保持联系，开阔视野。

二、康养及康护服务

1. 康养服务

老年人的免疫机能随着年龄的增长逐渐减退，这使得他们更容易罹患各种慢性疾病。部分老年人需要依赖药物来维持身体的正常功能，并且通过实时监测以保持健康状况的稳定，因此需要为老年人提供康养服务，包括健康评估、营养管理、代购药品、提醒和帮助老年人按时服药、陪同就医、提供医护协助、健康咨询等。

健康评估是康养服务的基础。通过定期的健康评估，可以全面了解老年人的健康状况，及时发现潜在问题，并帮助其制订个性化的康养计划。康养计划将考虑老年人的体质、疾病史和特殊需求，确保他们能够得到最合适的护理和支持。营养管理也是不可或缺的一环。老年人的营养需求与年轻人不同，需要根据老年人的营养需求为其提供专业的膳食建议，确保他们获得均衡的营养。此外，代购药品和按时服药的服务也必不可少。老年人可能需要多种药物来治疗慢性疾病，面对行动不便的老年人，可以为其提供代购药品、按时提醒和辅助服药服务，以确保药物疗效的最大化。

在医疗方面，陪同就医和提供医护协助是关键环节。许多老年人因为行动不便或认知障碍而难以独自前往医疗机构，因此应当提供专业人员陪同就医服务，为他们提供必要的医护协助，确保他们能够得到及时的诊断和治疗。此外，老年人在面对健康问题时可能需要咨询专业意见，了解疾病情况和治疗选项。我们可以提供定期的健康咨询，解答老年人的疑虑，帮助他们作出明智的健康决策。

2. 康护服务

康护服务指的是康复保健护理服务。这一服务涵盖了多个方面，旨在协助个体实现全面康复，提高生活质量，恢复独立生活能力，具体包括康复评估、康复知识宣传与教育、康复辅具租赁、功能康复指导与训练等。

首先需要进行康复评估，这是康护服务的基础。通过深入的身体和功能评估，医护人员可以了解患者的康复需求和潜在问题，制订个性化的康复计划。康复计划可以涵盖康复目标、时间表和所需的康复干预方法，确保每位患者都能够获得最适合他们情况的康复支持。康复知识宣传与教育也是至关重要的一部分，包含提供相关知识和指导，帮助患者和家属更好地理解康复过程，掌握康复技能，并在康复期间作出正确的生活选择。这种教育可以涵盖康复中的饮食、药物管理、自我照顾等方面，以确保患者能够积极参与康复，取得最佳效果。康复辅具租赁也是康护服务的一项关键内容。通过提供助行器、轮椅、假肢等辅具的租赁和维护服务，可以确保患者在康复过程中始终得到必要的支持。功能康复指导与训练是康护服务的核心内容之一。康复训练对于老年人来说，不仅关乎恢复基本的生活功能，更是预防并发症的关键措施。在康复计划的指导下，专业医护人员会为患者提供定期的功能训练，帮助他们逐步恢复或提高日常生活中的各项能力，如行走、坐立等。

三、精神慰藉服务

由于独居、社交活动减少等因素，老年人容易出现孤独、自卑、失落等情绪。随着亲朋好友的离世或生活变迁，老年人的情绪和心理状态将受到巨大的冲击。独居的环境使得他们难以分享生活的情感，进一步加深了孤独感。这种孤独感可能导致抑郁、焦虑等心理问题，甚至影响身体健康。同时随着年龄的增长，身体机能减退，老年人的活动范围受限，可能会引发老年人对自身价值的怀疑和不安。他们可能感到自己没有价值，缺乏自信，进一步影响他们与他人的互动和社交活动。

因此在居家养老服务中，精神慰藉服务是必不可少的部分。精神慰藉服务应当以舒缓老年人的心情、排解老年人的孤独为原则，具体形式包括聊天沟通、情绪疏导、娱乐休闲活动、心理咨询、危机干预、教育咨询等。经常与老年人聊天，倾听他们的心声，分享生活经验，可以让老年人感到被关注和重视。这种交流可以消除孤独感，建立情感连接，让老年人感受社会的温暖和关怀。情绪疏导服务可以引导他们表达情感、找到宣泄方式、培养情感调节能力。

娱乐休闲活动对老年人保持精神愉悦非常重要。老年人可以在家阅读书籍、观看电影和纪录片、欣赏音乐，抑或是进行手工制作和绘画等创造性的娱乐活动。除此以外，老年人也可以在家里进行如瑜伽、太极等简单的有氧运动，保持身体健康与活力。学习新的技能也是一个好的选择，学习计算机操作、语言、乐器演奏等，可以丰富老年人的知识和增强其能力。居家养老服务可以延伸到这些娱乐休闲活动中。

对于出现重度心理问题的老年人，则需要提供更加专业的心理咨询和干预服务。专业人士通过与老年人进行深入的心理对话，帮助他们了解自己的心理状况，并积极应对挑战和困扰。心理咨询服务可以提供具体的解决方案和应对策略，增强老年人应对压力的能力。针对老年人可能出现的危急状况，如存在自杀倾向等，提供紧急的干预和支持。危机干预包括及时的心理支持、专业医疗人员进行专业干预等，以确保老年人在危急情况下得到及时的援助。

此外，教育咨询主要是为老年人提供心理健康、健康生活方式等方面的教育和指导，帮助他们了解如何保持积极的心态、如何应对生活中的挑战，以及如何培养健康的生活习惯。

四、安全监控及紧急救助服务

人的衰老伴随着骨骼、关节和肌肉的机能变化，相关的强度、反应速度和灵活性都会降低或减弱，行动变得缓慢。随着年龄的增长，老年人的感知能力减弱，主要体现在听力和视力方面。在听力方面，老年人对高频声音的听觉敏感度会逐渐降低，声音响度的感知门槛也会提高。在视力方面，老年人眼睛的晶状体密度减小，弹性减弱，调节能力减退，由此可能导致对近距离物体看不清楚，这会影响阅读等活动，产生所谓"老花眼"现象。老年人在辨色、判断物体高低远近和微弱光影变化等方面的能力也会减弱。这些变化使得老年人的反应变迟钝，对外界刺激的反应时间也会延长，应对突发事件的能力也会相应减退。

除了身体机能减退可能带来的安全隐患，许多老年人还伴随着多种慢性疾病，如关节炎、腰腿疼痛、中风和心脏病等。这些疾病在急性发作时常常伴随着摔倒，容易造成生命危险。因此，安全监控和紧急救助服务变得至关重要。

安全监控与紧急救助服务以物联网和远程智能安防监控技术为基础，旨在对老年人进行全天候的安全自动监控，降低老年人发生意外的风险。一方面，这一服务通过摄像头、穿戴式设备等智能终端，对老年人的各项动态进行实时监测和分析，并提供快速而及时的救援支持。摄像头可以为老年人提供全方位的监控和保护，它能够监测老年人的状况，一旦发现跌倒等异常情况，立即向护理人员发送警报，以便采取紧急措施。此外，还可以通过摄像头实时监测老年人的姿势，例如坐立、半躺、平躺、侧卧等。当老年人长时间保持同一姿势时，系统会自动提示并触发警报，以预防因长时间不动而导致的不适甚至伤害。另一方面，卫生间、卧室或者其他地方可以设置一键呼救终端，老年人只需按下呼救按钮，就能迅速呼叫护理人员或紧急救援服务，确保在第一时间得到救助。

第三章

居家养老服务供给

上一章从服务接受的视角介绍了服务对象的类型、需求类型及需求场景，本章将从服务供给的视角介绍居家养老服务如何组织、建设和评估。

第一节　服务类型

从服务供给的主体来看，可以将居家养老服务分为公共型养老服务、商业型养老服务、志愿型养老服务三类。

一、公共型养老服务

公共型养老服务是指由政府或公共部门及其工作人员为保障老年人的基本生活而提供的专业化的服务，起着"兜底"的作用，它的供给主体来源于正式支持网络的公共部门，如政府部门及其主办的福利性机构、各类公益性社会组织和非营利机构等。

在政府的引导下，养老服务产业一方面充分发挥市场在资源配置中的决定性作用，另一方面突出政府在产业发展中的导向功能，形成"政府引导，多方联动"的局面。具体包含以下几种不同模式。

1. 政府购买养老服务模式。政府向企业购买养老服务，引入市场机制，提高服务质量和效率。这种方式可以充分利用企业的专长和资源，实现养老服务的多元化和全方位覆盖，强调公私合作。以山东省郓城县为例，自 2019 年以来，郓城县通过政府购买社会化服务的方式，委托专业养老服务机构成立居家养老服务中心，组织专业人员为 6000 多名分散供养特困人员提供生活照料、康复护理和精神慰藉等服务，实现了救助和养老服务的供需精准对接。又如河北省滦州市，将居家养老服务列入为民办实事项目，加快建设、优化社区养老服务中心，引入专业服务机构参与运营，开展生活照料、托养护理、医疗康复、营养配餐、文化娱乐等多种养老服务。

2. 城企联动普惠养老模式。政府提供土地等政策支持，企业按约定提供公益或普惠性养老服务包等。通过公私合作的方式，充分利用企业资源，提供全方位、多元化的养老服务。如山东省青岛市积极推进"一村一站点"农村居家养老服务民生工程建设，通过政府补贴，改造闲置资源，以公建民营的方式鼓励社会力量参与，逐步建立覆盖全市农村的居家养老服务站点，为农村空巢、困难、孤寡老人提供方便可及的居家上门服务，缓解了农村养老服务供给不足、冷热不均、护理能力弱等困境。又如上海市徐汇区以"公共+公益+市场"的运作模式，使为老助餐从"政府公转"向"机构自转"转变。政府与运营主体就场地选址、优惠对象及额度等约定，采用政府、相关企业运营方各出一点、共同让利的方式，减轻运营方压力，有需求的老年人提出申请后，由评估员上门评估，为符合条件且有行动能力的老年人提供集中用餐服务，行动不便的则送餐上门。

3. 政府主导模式。在政府主导模式下，街道社区组织团队负责承接具体服务，资金来源为地方基层政府财政资金和自筹资金，人员岗位多具有公益性质。这种方式重视公共责任，侧重于提供基础且必要的养老服务。以北京市丰台区的养老服务改革为例，该区作为首批国家级居家和社区养老服务改革试点地区，针对失能、失智老年人的照护问题，尤其是家庭照护者的压力，于2018年率先实施了"喘息服务"项目。该项目旨在解决照护者的照护技能不足问题，同时缓解因长期照护引发的心理和家庭矛盾。通过专业的临时照护服务，让家庭照护者得以休息，并提升家属的照护能力。服务方式为"1个月服务4天"，可分散或集中享受，形成了政府、老人、家庭和企业共赢的新模式。此外，上海市奉贤区充分利用农村地区闲置宅基房屋，建立了"政府牵头、社会赞助、村委负责、老年自愿"的机制，形成了"四堂间"农村社区居家养老服务新模式。这种模式为农村社区的老年人提供了就餐、休闲、学习、议事、调解、娱乐等服务，实现了"快乐养老"。奉贤区的这种创新尝试体现了政府在精准化、规范化、多元化服务方面的努力，提升了农村养老服务水平，为当地老年人提供了更加丰富多样、高质量的养老服务。

二、商业型养老服务

商业型养老服务是指由市场力量提供的商品化、专业化的老年照料服务。商业型养老服务的实质是老年照料服务的商品化。私人部门是商业性养老服务的供应主体，这包括企业、民办养老社会服务机构等组织，在正式支持网络中起到关键作用。商业型养老服务供应本质上是一种市场行为，其目标是获取利润，费用由个人或其家庭承担，其导向性在于市场化和产业化。居家养老的商业性养老服务包含以下两类。

1. 第三方上门服务。采用"互联网+到家"的服务模式，用户通过各种平台进行需求表达，服务提供者上门提供专业化的家政服务，包括家庭清洁、照顾老年人的日常生活等。以家政服务公司为例，老年人可通过平台选择"照顾老人"，勾选"老人身体状况""是否住家"等关键词，选择服务。

2. 科技公司提供产品与平台服务。科技公司通过提供智能家居设备、在线医疗咨询平台、远程健康监测系统、在线社区等提高老年人的生活质量，为其提供精神慰藉。例如"阿里健康+家庭医生"服务，这项服务利用阿里健康平台的大数据和云计算能力，为老年人提供定制化的健康管理服务。还有其他情感慰藉、安全检测等养老技术产品，可为老年人提供包括健康管理、生活照料、急救服务等在内的一站式养老服务。

三、志愿型养老服务

志愿型养老服务主要借助非正式支持网络的力量，如社区内的居民、志愿者、村（居）委会等为老年人提供临时性或短期性的服务，这种服务模式具备非正式支持网络的灵活性、及时性、方便性和人性化等特点。例如，通过组织各类活动（如健身活动、文化活动等）来增进老年人的社交，通过课程培训提高他们的生活技能，通过推动政策实施来保障他们的权益。

在这种模式下老年人自身也可以加入服务，发挥余热。社区通过共建"虚拟养老院"，鼓励社区成员相互帮助，增强社区凝聚力和活力；通过虚拟社交平台，实现老年人之间的联系和互动，为老年人提供更广泛的社交和支持。

第二节　服务组织

在构建高效的养老服务体系时，需关注养老服务体系下的各种服务是如何组织起来的，具体包含人员组织、服务流程组织与监督管理组织。

一、人员组织

智慧养老服务的组织架构以项目决策层、组织实施层、业务监管层和业务服务层四大层次构建，旨在为老年人提供全方位、高效、优质的养老服务。

在项目决策层，项目负责人、公司领导、第三方机构和业务主管部门构成了主要力量。他们通过拟定和实施战略计划、管理和协调各项业务，保证项目的方向正确和运行高效。这一层级的决策影响着整个组织的运作和发展，因此在决策制定过程中需要积极地吸纳各方面的意见和建议，以保证决策的科学性和合理性。

组织实施层作为养老服务机构的核心运营部门，主要由后勤组、宣传组、培训组、信息化组和呼叫中心等部门构成。这一层关乎组织的日常运作，包括设施维护、对外宣传、人员培训、信息系统运营以及用户服务等各个方面。各部门间需紧密协作，各司其职，确保各项业务的顺畅运行。

业务监管层的主要职责是对各项业务进行监管和控制，保证服务的质量和合规性。业务监管层包括绩效考评组、品质组、审计组和回访组等部门。这些部门对服务的质量和效率进行持续监督，对业务的规范性和合规性进行审查。通过建立一套完整的业务监管和评价体系，包括绩效考核、品质管理、审计以及回访等多个环节，对服务进行全方位、多角度的监控和评价，有助于及时发现问题并采取改正措施。

业务服务层由服务站长、护理组、维修组、营养管理组、康复治疗组、心理咨询组以及社会工作者组等组成，这些是直接面向老年人提供服务的一线工作人员，他们的工作质量和服务态度直接影响着老年人的生活质量和满意度。他们在日常的服务工作中，运用专业知识和技能，关爱和尊重的态度，为老年人提供高质量的居家养老服务。

此外，在服务人员组织中，志愿者的组织管理是非常重要的环节。服务人员的管理应该坚持以人为本，重视服务人员的权益保护和职业发展。在尊重志愿服务特性的同时，应建立科学合理的招聘、培训、考核和激励制度，并提供相应的培训，提高志愿者的服务能力和素质。

二、服务流程组织

养老服务需要通过科学的流程来组织，以保证流程的效率和质量。以公共型养老服务和商业型养老服务为例，由政府购买的服务通常由市民政局将符合条件的供应商纳入政府购买居家养老服务平台，平台运营方为供应商提供平台管理、使用操作、服务流程等业务培训。而老年人可以通过以下的流程订购服务：首先，老年人通过电话或平台选取服务项目并生成订单。平台工作人员对服务需求进行核准，然后将订单按照方便的原则派发给供应商。供应商接单后派出已备案的服务人员提供服务，完成后上传服务回单。平台工作人员将在48小时内回访，评估服务满意度。根据老年人的经济状况，有的老年人会在服务结束后获得不同程度补贴。

志愿型养老服务则是以更加灵活的流程来组织，以互助型的养老服务为例，不同健康程度的老年人会组成不同规模的互助小组。上海市的老小孩组织以6人的规模基于共同兴趣组成一个小组，每一个小组就是一个虚拟的"六合院"，当有老人出现困难时，就可以在院子里发出求助，获得同院老年人的帮助。上海市还发起了"老伙伴"的党群互助小组，由身体健康的老年党员与高龄老年人结对，老年党员定期对结对老年人进行探访，并提供帮助。

三、监督管理组织

监督管理组织主要是政府对购买居家养老服务的供应商进行监督和管理，旨在保证供应商按照规定的服务流程和质量标准提供服务，同时也保障了老年人的服务权益。

政府购买居家养老服务主要依靠政府资源，通过指定供应商提供一系列服务，包括生活照料、医疗保健、家政服务、精神慰藉、文化娱乐和紧急救助等居家上门服务。供应商需满足《中华人民共和国政府采购法》第二十二条相关规定，业务范围应包括养老服务及相关内容，并具备服务所必需的场所、设备设施和人员。供应商的服务人员不得低于20人，需能提供全方位服务，且不得被列入严重失信主体名单。

政府购买的居家养老服务供应商需接受市、城区（开发区）民政部门的监督与管理。服务流程中受理、派单、服务和回访等环节都需要在平台系统内留下操作痕迹，以实现全程管理。同时，民政部门每半年至少对其服务质量进行一次考核评估。

服务监督以多维反馈、回访、评估、投诉等形式展开，旨在实时获取并改进服务质量。服务对象及其家属可通过线下反馈，居家养老援助服务站每周至少进行一次回访。同时，项目接受政府和其委托的专业评估机构进行的阶段性和随机抽查，以保障服务公正公平。评估结果公开公示，充分体现公开透明原则。

在考核方面，实行单位自评、个人考核和组织考核的多元化考核方式，强调每个层级和个体的责任。每年年终，将进行全面的自我评估和个别考核，所有考核结果以书面报告形式呈现。同时，民政部门也会进行定期考核，并将临时抽查结果纳入年终考核。

第三节 服务站点

居家养老服务站点通常是建立在社区或周边的综合性养老服务设施，通过整合社区资源来满足日益多样化、精细化的居家养老服务需求。本节将介绍服务站点的选址和功能布局与设计、设备及用品配置、提供的服务类型和盈利模式。

一、服务站点的选址和功能布局与设计

居家养老服务站点的选址应位于城市开发边界范围内，邻近老年人较为集聚的城镇社区，便于子女探望及老年人出行，并远离污染源和噪声源。同时，应深化医养结合，站点与医疗卫生设施结合或邻近，考虑便利性，也可结合商业、教育、文化、体育等公共服务设施的空间布局。考虑到便捷性和实用性，建议站点选择社区内部或邻近社区的地点，方便老年

人和家庭成员的日常往返。选址应综合考虑公共交通、周边设施、社区环境等多个因素。

居家养老服务站点的功能布局应注重差异化配置，根据区域空间资源、人口密度和老龄化程度进行合理的规划。中心城区和主城片区应重点布局中型和大型机构养老服务设施，满足高需求的老年人群体。周边城区和新市镇则应加大养老床位配置力度，提供高品质的养老服务。乡村地区可以采用灵活布局的小型养老服务设施解决附近人口的就地养老需求。

服务站点的建筑设计上应做到色调温馨、简洁大方、自然和谐、标识统一；功能空间宜使用大色块或主题色设计，便于老年人根据色块记住空间位置；室内装修应符合无障碍、环保和温馨的要求；室内通道墙面阳角宜做成圆角或切角，下部做防撞板；此外，应尊重老年人隐私，对有可能暴露老年人隐私的服务应有遮挡、防护措施。服务站点的设计要满足相关标准的要求。其国标如表 3-1 所示。

表 3-1 服务站点设计相关标准

设计项目	相关标准
建筑内部装修设计防火	《建筑内部装修设计防火规范》GB 50222—2017
各类为老年人服务的居住建筑设计	《老年人居住建筑设计规范》GB 50340—2016
新建、扩建和改建的公共建筑节能设计	《公共建筑节能设计标准》GB 50189—2015
室外建筑地面设计	《城镇道路路面设计规范》CJJ 169—2022
室内建筑地面设计	《建筑地面设计规范》GB 50037—2013
室内地面防滑设计	《建筑地面工程防滑技术规程》JGJ/T 331—2014
坡道、台阶、扶手的设置	《无障碍设计规范》（GB 50763—2012）、《老年人居住建筑设计规范》（GB 50340—2016）

续表

设计项目	相关标准
公共信息标志	《公共信息图形符号》GB/T 10001
消防	《建筑设计防火规范》GB 50016—2014
设施、场地的消防安全标志设置	《消防安全标志：第1部分：标志》（GB 13495.1—2015）

二、服务站点设备及用品配置

居家养老服务站点应配置现代化设备和适合老年人特点的用品。养老床位应根据区域特点和老年人口规模结构进行差异化配置。考虑规划人口数和老龄化水平，合理确定养老床位数。中心城区和主城片区需加强存量养老服务设施床位服务能级，提高护理型床位和认知障碍照护床位占比。周边城区和新市镇应优化养老床位功能结构，提高护理型、认知障碍照护床位占比，同时探索机构、社区和居家养老的融合发展路径。

生活服务设备主要为老年人提供生活方面的辅助和便利，包括护理床、床头柜、衣柜、彩电等，床上用品应配备床单、被罩、枕套等。卫生间设备应考虑老年人的便利性和安全性，配备坐式便器、安全扶手、防滑垫等。餐厅应配置适量的餐桌、座椅、洗手池等，厨房应配备清洗、排风、消毒设备。康复辅助器具、安全监测设备和智能化用品也应充分考虑老年人的需求，为其提供便捷和舒适的养老体验。表3-2所示为服务站点设备及用品配置。

表 3-2　服务站点设备及用品配置

服务项目	设备及用品配置
1. 生活服务	配置居室设备（单人护理床、床头柜、床头牌、桌椅、彩电等），宜有电话和饮水机，多人间宜有隔帘。床上用品配置（床单、被罩、枕套、枕巾）数量应为床位的 2 倍，还应包括床垫、枕芯、厚薄被等。卫生间设备应配置坐式便器、安全扶手、呼叫按钮、洗漱用品架、毛巾架、无障碍洗面台、墙面镜、防滑垫等，宜有排气扇和双向插销。助浴设备包括热水器、沐浴器（椅）、沐浴垫、用品架，宜配置洗澡床和洗澡机。个人清洁用品包括理发器具、指甲剪、吹风机等
2. 膳食服务	厨房设备应配置清洗、排风、排烟设备，各种设备配置需符合国家法律规定。还应包括操作台、灶具、炊具、消毒柜、微波炉、烤箱等设备。餐厅应配置足够的餐桌、座椅、洗手池和防蝇设备。燃气厨房宜设燃气泄漏报警装置
3. 洗涤清洁	根据养老服务站点规模，配置洗衣机、消毒设备，宜配置烘干机。应设立污物处理间，配备清洁车和清洁用具等清洁卫生设备
4. 文化娱乐	配备媒体播放设备、书籍、报纸、杂志、棋牌等文化娱乐设备。宜根据老年人特点配置合适的文化娱乐设施
5. 护理服务	根据失能老年人比例配置护理床、防压疮床垫、床边洗浴设备等，配置轮椅、功能轮椅和升降移位设备
6. 医疗服务	内设医疗机构应符合国家相关规定，不设医疗机构的养老服务站点应配置急救药品箱、便携式氧气瓶、血压计、听诊器、体温计等设备
7. 康复保健	配备助行器、电动直立床、训练阶梯、日常生活训练系统等康复设备。宜配备水平漫步机、减重步态训练器、慢速医用跑台、言语治疗仪等康复设备，应符合相关标准和要求
8. 安全保护	养老服务站点内配置紧急呼叫系统。为身体移动能力差、认知功能障碍的老年人配置保护性约束用品。安装门禁，设置监控系统覆盖公共区域，无盲区。安全标志需符合标准规定
9. 办公服务	配置日常办公管理需要的办公桌、椅、电话、档案柜、文件柜、电脑、打印机等设备。根据站点规模，宜配置老年人专用接送车辆

服务项目	设备及用品配置
10. 智能化服务	设置互联网、内部无线网络，配置对讲通信设备。配置站点管理系统、老年人定位系统、电子门栏报警系统、智能一卡通以及物联网传感系统等智能设备

三、服务站点的服务内容

生活服务方面站点应提供助餐、助浴、助医、助行等基本服务。此外，还应根据老年人的不同需求提供各类服务，如康复护理服务、托养服务、家庭支持服务等。具体而言，居家养老服务站点提供的服务内容如表3-3所示。

表3-3　服务站点的服务内容

服务项目	服务描述和要求
1. 生活服务	提供老年人的日间照料服务，包括助餐、助浴、洗涤、娱乐、精神关爱、上门服务
2. 康复护理服务	提供康复护理训练、健康监测、用药提醒和指导等服务
3. 托养服务	提供日托、中短期全托服务以及喘息服务
4. 家庭支持服务	开展照护培训，提供技术指导和帮助，支持家庭照顾高龄、失能老年人
5. 社会工作、心理疏导服务	开展社会工作和心理疏导，帮助老年人解决社会和情感问题
6. 康复辅助器具租赁服务	提供康复辅助器具租赁，解决老年人康复和日常生活需求
7. 健康服务	进行健康评估，建立健康档案，提供专业评估和个性化建议，开展健康咨询和管理
8. 颐养用品	提供老年颐养用品，如矫正器和床垫等，以提高老年人生活质量

服务项目	服务描述和要求
9. 安心守护	提供智能化产品监测老年人身体状况，通过健康管理应用程序实施疾病预警、咨询、群聊和健康档案管理
10. 社区居家适老化改造	进行环境评估和适老化改造，提供更适合老年人居住的环境

四、服务站点的盈利模式

服务站点有很多盈利模式，如推出服务套餐和定制化服务，让老年人根据自己的需求选择合适的服务；实行会员制和订购服务，引入会员制度，让老年人享受优惠和特权服务；通过产品销售，销售老年用品和辅助设备；与政府建立合作关系，实现政府购买服务的收益；与医疗机构合作，提供综合性的医养结合服务；开发数字化服务平台，提供在线健康咨询、健康管理等服务；通过品牌建设和口碑营销吸引更多老年人选择服务。同时，还可以不断引入新技术、新设备，提高服务水平，增加服务项目，进一步提升盈利能力。

居家养老服务的收益来源包括生活服务、健康服务、日间照料、用品销售、安心守护、适老化改造和远程会诊等。服务费用筹措包含政府对特困老人给予财政补助，非特困老人的服务费用则由家庭负担。对于低保和低收入贫困家庭的老人，可按照特困老人的标准申请养老服务费用补贴。

第四节　服务质量评估

当前尚无统一的智慧居家养老的质量评估标准，本节就居家养老的评估进行陈述，并提出居家养老服务质量评估的多维框架。如图 3-1 所示，该评估框架从服务内容、服务过程、服务结果三个方面，建立了包括老年人需求评估、服务机构评估、服务人员评估、服务内容评估等多维度评估体系，具体包含服务对象覆盖面、服务内容多元化、服务模式创新度、服务人力资源专业性、服务设施建设完善化与智能化、服务机构规范度、顾客感知服务质量和相关标准量表。

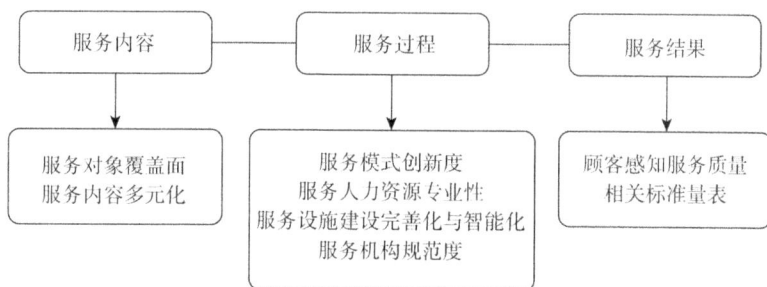

图 3-1 居家养老服务质量评估的多维框架

一、服务内容

1. 服务对象覆盖面

居家养老服务需做到覆盖所有存在养老服务需求的群体，除了失能、孤寡、高龄、困难、离退休五类老人，还包含所有 60 周岁及以上的普通老年人。同时，服务覆盖范围应包含城乡、地域、经济条件等维度，以实现全覆盖，保障无论在城市或农村，富裕或贫困地区，有需求的老年人都能享有适宜的养老服务。

2. 服务内容多元化

服务内容应具备丰富和多元化的特点，包含服务内容的种类与数量。除基本生活照料、医疗卫生和康复、安全指导与紧急救援服务、日间照料与短期托养服务，还应拓展服务内容，如提供精神慰藉、法律咨询等服务，旨在满足老年人多元化的养老需求。

二、服务过程

1. 服务模式创新度

服务过程应创新服务模式，如利用互联网技术，建立智慧养老服务平台，实现居家养老的信息化、智能化和个性化。通过大数据分析老年人的养老需求和行为习惯，提供个性化的服务推荐和定制化的服务方案，为老年人提供更便捷、高效、贴心的养老服务。

2. 服务人力资源专业性

服务人力资源是指居家养老服务配置的管理和服务人员，包括养老护理员、社工、志愿者等。一支素质较高、数量稳定的专业人员队伍，是居家养老服务体系得以正常运行的根本。服务人员需要具备专业知识、技能技巧、服务理念和情感关怀等方面的素质。养老服务提供商可以通过持续的专业技能培训，以及科学的激励机制来提高服务人员的服务水平，满足居家养老服务的专业性和复杂性需求。

3. 服务设施建设完善化与智能化

设施是提供服务的基础，居家养老服务需要为居家老年人配备完善的养老设施，包括基本的养老设施、老年健身设施、康复设施、智能化设施等，在配备过程中应充分考虑设施适老化。

新时期的居家养老应充分利用现代信息技术、网络技术和集成技术等手段，提升养老设施的智能化程度。在设施建设上，可以利用物联网、人工智能等技术实现智能管理和远程控制，同时通过大数据分析老年人个性化的需求。为了实现智慧化养老服务，可以建立智慧化服务系统，包括基本业务办公、信息管理、健康管理、养护服务、人身监护和安全监控等功能，通过大数据分析，为老年人提供个性化的服务，满足其不同需求。基于老年人的特点，可以运用人脸识别、跌倒监测等物联技术和可穿戴设备，提升老年人的服务体验，增强其安全感。在智慧化养老服务中，需要注意保护老年人的隐私和数据安全，通过采取必要的技术手段，确保老年人的个人信息不被泄露，数据得到安全保护。通过智慧化养老服务的推进，有效提高养老服务的效率和质量，使老年人获得更加个性化、人性化的关怀和照料，提升老年人的生活质量。

4. 服务机构规范度

此外，为了提升服务质量，需要评估服务机构的规范度。居家养老服务站点建设和服务提供应遵循相关法律法规和政策，建立规范的管理体系，明确工作职责和服务标准，规范服务流程，确保服务的安全和质量。

三、服务结果

1. 顾客感知服务质量

顾客感知服务质量具有主观性，取决于服务过程中顾客的感觉与对服务的期望之间的差异程度，强调服务提供者应该从顾客的角度来理解服务质量的构成，这样才能使顾客满意。本书基于顾客感知服务质量理论体系构建居家养老服务顾客感知服务质量评估模型。该模型从五个维度对服务进行质量测评，如表3-4所示。

表3-4　居家养老服务顾客感知服务质量评估模型

评估维度	相关描述	示例
可靠性	服务提供者的可信度、一致性和可靠性，准确提供所承诺的服务	服务人员准时、全面、细心地提供日常生活照料、健康管理、紧急医疗等服务，包括如期提供服务，服务与承诺的一致
保证性	服务提供者是否能满足老年人的需求和期望	服务人员在提供生活照料、医疗护理、文化娱乐服务等方面能使老年人感到满意，以及服务人员具备解决心理问题的技能和技巧
响应性	服务提供者对客户需求和问题的反应速度	对于老人提出的需求或问题，服务人员能够迅速、有效地响应，比如及时提供医疗援助，及时解决服务问题等

评估维度	相关描述	示例
有形性	服务的实体和直观表现	包括服务人员的仪表，服务场所的环境、设备设施，提供的场地的面积及活动种类
移情性	服务提供者对客户的理解和同情	服务人员以人为本，关心每一位老年人的需求和感受，为他们提供个性化的服务，如定制化的饮食、活动计划等，让老年人感到温馨、舒适

顾客感知服务质量是评价服务质量的重要指标，需建立满意度调查机制，通过问卷、访谈等方式定期调查老年人对服务的满意度，听取意见和建议，及时改进服务，提高服务质量。

2. 相关标准量表

通过《老年人健康综合评估》《老年人能力评估表》等量表科学评估老年人的身体健康、功能状态、心理健康等因素，进而了解服务是否能提升老年人的能力和健康水平，是否达到了预期的效果。

需注意的是，进行养老服务质量评估时，需要构建政府、社会、用户多元参与的服务质量监督体系，通过引入第三方评估机构，对服务进行客观、独立的评估，还应建立公开透明的服务质量报告制度，通过各方的监督和互动，确保评估的公正性和权威性以及评估结果的准确性，进而实现服务质量的持续提升。

第四章
智慧养老技术

第一节 智慧养老技术现状

智慧养老离不开技术的发展。根据智慧健康养老产业联盟的统计数据，2021 年，我国智慧健康养老领域共新申请了 1116 项专利，其中包括 513 项发明专利。这些专利涵盖了老年人生命周期的各个方面，并且正在逐步从单一技术向多技术融合的方向发展。表 4-1 展示了根据智慧养老的专利和学术研究关键词整理出的智慧养老科技图谱。

表 4-1 智慧养老科技图谱

智慧健康养老技术（一）				
人工智能	大数据	5G	云计算	互联网
人机交互 深度学习 计算机视觉 语音识别	数据挖掘 可视化 大数据分析 大数据预处理	波束成形 大规模 MIMO 微基站 毫米波	编程模型 网络虚拟化 分布式存储 云原生	无线连接 网络服务平台 核心协议 移动互联网
智慧健康养老技术（二）				
新材料	物联网	边缘计算	虚拟现实	区块链
先进复合材料 无机非金属材料 有机高分子 碳纤维	传感器技术 RFID 电子标签 嵌入式系统 近距离通信	智能边缘管理系统 边缘网络 隔离技术 数据处理平台	触觉/力觉反馈 VR 视觉呈现 环境建模技术 合成立体声	智能合约 共识机制 分布式存储 加密技术

2022 年 7 月，腾讯研究院发布《隐形的守护：银发科技蓝皮书 2022》，该报告系统地展示了老龄化背景下科技的发展现状和趋势。报告显示，技术的发展和应用程度各有差异。该报告根据技术的渗透程度将技

术分为应用层、探索层和研究层。互联网、物联网和云计算等技术的应用范围广泛，而5G、大数据、人工智能等技术仍处于尝试探索阶段，虚拟现实与区块链技术则尚处于研究与讨论阶段。

应用层包括互联网、物联网、云计算等技术。"互联网+养老"应用广泛，包括政府养老监管平台和居家社区养老平台等。通过平台进行资源整合，使得老年人能更便捷地享受线上与线下服务，如信息查询、服务预约、服务监督、远程医疗、在线教育和电子商务等。此外，"互联网+养老"也是实现医养结合目标的关键，信息资源和医疗资源的深度互联也为医养结合服务提供了技术支撑。互联网具体技术包括无线连接、网络服务平台、核心协议、移动互联网等。

物联网在智慧养老领域被广泛应用，其中应用最广泛的是智能手环和睡眠监测仪。物联网技术产品通过传感器实时监测老年人健康数据，并通过网络传输给家属、医生或社区工作者，为老年人健康管理和疾病预警提供基础信息。物联网具体技术包括传感器技术、RFID电子标签、嵌入式系统、近距离通信等。

云计算在智慧养老领域的典型应用是智慧养老云平台。通过网页登录账户，养老机构就可以使用标准化的平台，实现信息共享和按需取用的服务，解决了过去重复开发、功能不一致和运维费用过高等问题。云平台还能应对多源异构大数据的存储和查询问题，弥补了传统数据库在运行效率和存储能力方面的缺陷。云计算具体技术包括编程模型、网络虚拟化、分布式存储、云原生等。

探索层包括5G、大数据和人工智能技术。5G在智慧养老领域扮演着骨干传输通道的角色，为高质量运行的智慧养老体系提供网络基础。其中，远程医疗是5G的重要应用场景之一。通过5G，高速率的4K/8K医学影像可以实时、精准地共享到医生端口，打破了老人异地就诊的限制。此外，5G还为智能家居设备带来新的探索，信息传输更快捷，同时可以容纳更多设备连接，实现了"万物互联"的目标。5G 技术包括波束成形、大规模 MIMO、微基站、毫米波等。

大数据则以多维度的主观和客观数据为基础，经过数据清洗、数据分析和数据挖掘等处理，构建个人需求动态监测模型。该技术能为老年人提供疾病预防、精神慰藉、安全预警等多方面的"主动服务"，实现服务的精准供给。此外，大数据还能通过挖掘老年群体的"爱好"，个性化推荐该群体喜爱的读物、电影、音乐等娱乐内容。大数据包括数据挖掘、可视化、大数据分析、大数据预处理等。

人工智能应用场景多样且发展迅速。例如，结合老年人康复训练目标和步态分析算法，可以实现个性化康复训练定制与训练辅助和监测，提高康复效率和效果；通过捕捉老年人动作并进行识别，实现老年人跌倒时的准确报警；通过与老年人进行智能语音交互，提供情感陪伴等。人工智能技术具体包括人机交互、深度学习、计算机视觉、语音识别等。

研究层包括虚拟现实和区块链技术。虚拟现实技术在老年人康复训练中虽然尚未进行大规模应用，但学术研究领域近年对此开展了很多积极探索。研究表明，VR 训练效果优于传统训练，虚拟场景更能使老年人产生沉浸感，从而改善其注意力、记忆力等，达到预防阿尔茨海默病的作用。虚拟现实在老年人娱乐中也将大放异彩，让老年人可以突破生理上的限制，身临其境地进行环球旅行和虚拟游戏等娱乐活动。虚拟场景技术包括触觉/力觉反馈、VR 视觉呈现、环境建模技术和合成立体声等。

区块链技术方面，医疗机构、监护家属、养老机构等多个节点可以通过数据上链的形式记录和查看老年人的医疗数据，进一步打破信息孤岛，实现数据共享，保障数据安全。在养老金融、补贴发放等相关经济行为中区块链技术的可追溯、难以篡改、公开透明等特性也可以帮助降低交易成本，保护老年人的隐私。区块链技术包括智能合约、共识机制、分布式存储、加密技术。

　　除却应用层、探索层和研究层，表 4-1 中的边缘计算技术指的是在靠近物或数据源头的网络边缘侧，通过融合网络、计算、存储、应用核心能力的分布式开放平台，就近提供边缘智能服务。简单来说，边缘计算是对从终端采集到的数据，直接在靠近数据产生的本地设备或网络中进行分析，无须再将数据传输至云端数据处理中心。在智慧养老中，边缘计算应用主要是利用边缘设备的计算能力和网络接入能力，为老年人提供实时、智能、安全的服务和关怀。

　　所有这些智慧养老领域涉及的技术并不是孤立存在的，而是相互关联的。人工智能技术依赖于物联网、5G、大数据和云计算技术的支持，同时人工智能的应用也推动了这些技术在该领域的发展。信息技术在设备、数据、网络、平台和服务间的相互协同，为老年群体在个人、家庭和社会层面提供了全方位的支持。

　　在养老供需矛盾日益凸显的情况下，智慧健康养老利用新一代电子信息技术，优化养老资源配置，提高养老服务质量，成为解决我国养老难题的重要手段。2022 年国务院印发的《"十四五"国家老龄事业发展和养老服务体系规划》，分别从事业和产业的角度对智慧养老作出了进一步要求。规划提出促进老年用品科技化、智能化升级及推广应用，建设兼顾老年人需求的智慧社会。此外，2022 年也是全国老龄办推动的"智慧助老"行动收官之年。

第二节　智慧养老服务信息平台

一、总体概述

　　智慧养老服务信息平台汇聚了人口基础、养老服务资源、体检、智能穿戴、费用等多来源多类型数据。通过云数据平台和人工智能中台，实现了对海量数据的存储、管理、共享交换、分析监控和数据挖掘；实现了集业务监督、养老服务评估、老年人健康及安全监测、社区智慧监管、居家养老服务管理、社区居家养老运营管理、云呼叫服务系统于一体的数据互联互通。

同时，建设了社区范围内的智慧养老服务分平台，以更快更好地覆盖及服务于本社区内的老年人，打造以智慧养老公共服务系统、综合管控中心、智慧养老移动端为核心的综合智慧养老服务信息体系。在满足老年人及其家属、服务人员、监管人员等实时需要的同时，有效降低养老服务的人力成本，提升养老服务的风险控制能力和应急事件处理能力。

针对居家养老，智慧养老综合信息平台为家庭提供了多项上门服务和社区服务。老年人及其家属可通过智慧养老公众端进行预约、下单和结算，服务人员可通过智慧养老服务端进行登记、接单、费用结算、签到等。在此平台上，服务人员提供的服务包括但不限于生活照料服务、紧急救援服务、康养与康护服务和精神慰藉服务等。

二、总体结构

一般来说，智慧养老综合服务信息平台按照"感知层—数据层—业务层—应用层—用户层"这五层结构进行设计，如图 4-1 所示。

感知层是整个服务信息平台的数据收集端口，即老年人健康、安全数据的主要来源。通过在社区内有需求的老年人家庭及日间照料中心布设智能化物联感知设备，实时收集社区辐射范围内老年人的健康、安全及访问数据，为老年人提供多层次全方位的监测及服务。常见的感知层设备如一键 SOS 报警器、智能床垫、门磁感应器、燃气探测器、烟雾探测器、体征监测仪、智能血压计、摄像头、访客终端、移动终端等。该平台通过各个端口接收信息数据，进而对这些数据进行汇总、分析和建模，为老年人及其家属、服务人员、监管人员提供智能化实时提醒。

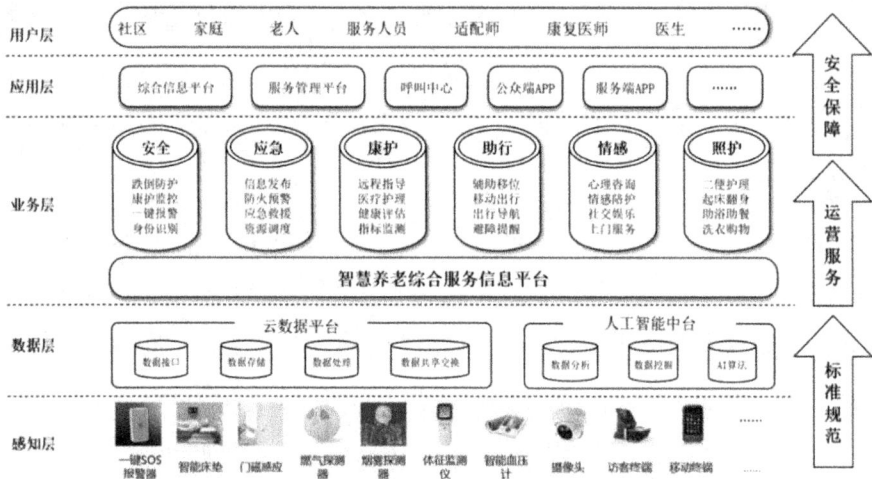

图 4-1　智慧养老综合服务信息平台总体结构

　　数据层是对感知层数据进行接收与处理的端口。通过云数据平台实现数据的实时存储、处理和共享交换，为项目现有的数据需求和未来可能存在的数据需求预留数据接口。在数据完成标准化处理后，结合人工智能算法，通过人工智能中台进行深层次的分析与挖掘，实现对数据的高质量、实时化应用。数据层往往需要根据感知层收集的信息，逐步建立标准规范，以实现与业务层的对接。

　　业务层是指该平台面向用户能提供的各项服务及其子项目。业务层可为老年人及其家属提供安全、应急、康护、助行、情感、照护等多方面的上门照护或社区照护服务，这些服务通过智慧养老综合服务平台来接收各种用户数据，经由数据层实现数据处理。在保障社区安全有效运营的情况下，业务层为老年人提供更全面、细致的数字化服务。

　　应用层是业务层中各项服务业务的终端交互平台，是整个服务信息平台中与各利益相关者最接近的端口。通过构建智慧养老综合信息平台、智慧养老服务管理平台、智慧养老呼叫中心、智慧养老公众端应用程序及服务端应用程序等终端平台，为居家养老提供闭环生态体系，打造区域内养老服务系统一致性管理、业务及数据的纵向协同。

用户层包括在该服务信息平台中涉及的各类利益相关者。通过覆盖区域内多个社区、老年人及其家庭、服务人员、适配师、康复医师、医生等角色，搭建需求与供给间高效流通的桥梁，覆盖居家养老服务工作的业务需求。

三、应用层的核心功能

在智慧养老综合服务信息平台的多个层次中，应用层涉及综合管理、服务管理，以及服务提供者和服务接受者这四个主要端口。四个端口从系统管理端到个人端都有不同的核心功能。

智慧养老综合管理平台涵盖了服务对象管理、补贴充值、业务配置、运营管理等多种功能。通过实现数据高效统一的汇聚、处理和分发，平台在有效降低养老服务的人力成本的同时，提升了养老服务的风险控制能力和应急事件处理能力。

智慧养老服务管理平台则涵盖了服务对象、服务排班、工单管理、对账结算、商户管理、人员管理等多种功能。平台对服务人员的服务水平和服务资质进行有效的管理和评级，提高服务质量和管理效率。

服务人员通过智慧养老服务端应用程序可以进行在线服务的接单、拒单、到场服务、费用结算、定点打卡等操作。同时，应用程序还可以实现订单的实时化管理，为个人绩效考核、薪资核算和服务评级提供精准的评价数据，从而提高服务人员的服务积极性。此外，智慧养老服务端应用程序也为社区养老和居家养老提供了闭环生态体系，实现区域内养老服务系统的一致性管理，并实现业务及数据纵向协同。

老年人及其家属通过智慧养老公众端应用程序可以进行在线服务的选择、预约、付费、评价等操作。应用程序可以实现个人订单的实时化管理，并为个人费用、养老服务和健康情况的数据分析提供支持，促进上门服务生态的正向发展。智慧养老公众端应用程序在为老年人及其家庭提供足不出户一键订阅服务便利的同时，也为实现社区居家养老一体化管理提供支持，更有益于实现养老服务业务和个体数据协同发展。

智慧养老服务两平台加上两端的详细功能如表 4-2 所示。通过这些功能和服务的完善，智慧养老系统为老年人及其家属提供了全方位的在线服务和管理，使得养老服务更加高效、便捷，并满足了不同服务对象的需求。

表 4-2　智慧养老服务两平台+两端详细功能

综合管理平台	服务管理平台	服务端应用程序	公众端应用程序
服务对象管理	服务对象	登录及接单	登录及服务选择
补贴充值	服务排班	服务状态	个人信息管理
业务配置	工单管理	服务时长	服务预约
运营管理	对账结算	费用结算	服务付费
	商户管理	服务评级	养老服务咨询
	人员管理		服务评价

第三节　智慧养老感知设备

智慧养老感知设备是指老年人居家生活场景下使用的智能终端载体，旨在通过感知、监测和反馈提供更安全、舒适和便捷的养老体验。智慧养老感知设备大类主要包括智能家电设备、智能家居设备、智慧康养设备和智慧社区控制设备四大模块，如表 4-3 所示。这些终端设备通常结合了传感器、互联网、人工智能等技术，用于监测老年人的身体状况、行为习惯以及环境变化，并为他们提供适当的帮助和必要的支持。

表 4-3　智慧养老感知设备分类

智能家电设备	智能家居设备	智慧康养设备	智慧社区控制设备
智能客厅类 智能厨房类 智能卫浴类 智能卧室类	人身安全类 安全防护类 床周监测类 火灾守护类 燃气守护类 用水守护类 环境管理类 照明调节类 氛围调节类	呼叫警告类 防走失监测类 健康体检类	楼宇自控系统 人行系统 车行系统 周围报警系统 视频监控系统 可视对讲系统 电梯自动控制系统 门自动控制系统 能效管理系统 照明管理系统 消防监测系统 环境监测系统 广播系统

　　智能家电设备在传统家用电器的基础上增加了信息处理及传感系统，让家电之间实现串联。通过在手机端或设备屏幕端设置个性化场景与需求，智能家电设备提前为用户提供如冷暖预设、温度调节等功能。按照住宅房间功能划分，智能家电设备主要包括智能客厅类、智能厨房类、智能卫浴类、智能卧室类四类。智能客厅类包括智能电视、扫地机器人等。智能厨房类包括智能冰箱、智能洗碗机、智能油烟机、智能燃气灶等。智能卫浴类包括智能热水器、智能马桶、智能洗衣机等。智能卧室类包括智能空调、智能电热器、智能床等。

　　智能家居设备主要针对住宅硬装来考量智慧产品和系统如何给老年人提供更安全、更便利的居家环境，将老年人个人安全预防与监测同居住舒适性相结合，从日常用水、燃气守护，到环境、照明监测，再到床周边监测，贴心地给予老年人全方位的居家环境守护。智能家居设备主要包括人身安全类、安全防护类、床周监测类、火灾守护类、燃气守护类、用水守护类、环境管理类、照明调节类、氛围调节类这九类。人身安全类包括 AI 照护传感器、报警器、人体传感等。安全防护类包括 AI 传感器、智能锁、智能中控、门窗传感、人体传感、智能音箱等。床周监测类包括 AI 照护传感器、体征监测带、报警器、智能夜灯、智能音箱等。火灾守护类包括火灾传感器、智能音箱等。燃气守护类包括燃气传感器、新风系统、推窗器、机械臂等。用水守护类包括水浸传感器、机械臂等。环境管理类包括智能空气净化器、扫地机器人、空气质量传感器、推窗器等。照明调节类包括智能顶灯、人体传感器、亮度传感器、智能窗帘等。氛围调节类包括氛围灯带、灯带控制器、智能中控、墙壁开关等。

智慧康养设备侧重于人体传感、人体生命数据采集、报警安防等功能，旨在通过预警系统为老年人提供智能保障，具体包括但不限于呼叫警告类、防走失监测类、健康体检类三类。呼叫警告类包括 AI 照护传感器、报警器、声光报警器、人体传感器、水浸传感器、多功能按钮、护理平板等。防走失监测类包括定位基站、定位标签、定位胸卡、定位手环等。健康体检类包括体征监测带、自测一体机、便携体检机、自动体检机、自主体检站等。智慧康养设备可运用于居家、社区、养老院等多种居住空间内。

智慧社区技术是便于社区系统监控和统筹管理的居家养老辅助技术，主要运用于以居家养老为主、社区养老为辅的场景。该场景下所包含的感知设备包括楼宇自控系统、人行系统、车行系统、周围报警系统、视频监控系统、可视对讲系统、电梯自动控制系统、门自动控制系统、能效管理系统、照明管理系统、消防监测系统、环境监测系统和广播系统等设备。这些感知设备旨在使居家场景下的公共环境更加智能及便于有效管理。

第四节　智慧养老适老化改造

一、适老化改造要点

居家适老化改造是基于老年人的生理特点和生活习惯，对住宅及其周边社区环境进行有针对性的调整，具体包括老年人的家庭通道、居室、厨房、卫生间等生活空间，以及家具布局、细节保护等方面的调整或改进。这些改动旨在确保老年人在家中拥有更安全、便利、舒适的生活条件，关注出行、洗浴、如厕、休息等生活行为，减少因生理机能变化而导致的不适应问题，避免老年人受伤并延长其健康寿命。

与一般的家庭装修不同，居家适老化改造首先需要对老年人原有的居住环境和身体状况进行专业评估。然后，根据评估结果制订设计方案，并逐步进行有针对性的干预和改善。住宅适老化改造要实现安全性原则、功能性原则和舒适性原则。

传统的适老化改造主要是对居家环境的无障碍改造，比如对房屋门口的门槛进行调整，确保其与地面齐平，以便减小老年人出入房屋时绊倒的风险。对于存在台阶的出入口，安装坡道，便于老年人使用轮椅或助行器进出房屋，增强他们的出行便利性。在楼梯、过道和浴室等容易滑倒的区域，安装坚固可靠的扶手，让老年人可以借助扶手稳步行走，增强他们的安全感。在厨房、浴室和走廊等容易湿滑的地方铺设防滑地砖，大大减少老年人滑倒的危险，保障他们的居家安全等。

随着技术的发展，越来越多的技术介入成为改造的新方向。智慧适老化改造不同于普通适老化改造，它融合了智能技术如物联网、人工智能和自动化系统，以实现更智能化、个性化和综合性的改善。智慧适老化关注从基础设施到健康监测，从社交互动到居家安全，通过智能家居、健康监测、虚拟助手等，全面满足老年人的居住与生活需求，同时提供远程监护和互联互通，以提高老年人的生活品质、加强其安全感和社交联结。常见的智慧养老适老化改造有智能安全设施与辅助设备接入和远程医疗服务与健康管理接入。

智能安全设施与辅助设备接入方面包括在关键区域（如出入口、走廊和客厅等位置）安装智能监控设施，例如，通过老人的身体高度所发生的瞬时变化来判断是否发生跌倒，通过室内水电暖等的数值变化来预测居室内的安全状况，目的是辅助监测老人的活动情况，以便及时发现异常情况并确保他们的安全。智能安全设施与辅助设备接入还包括为老年人配备智能报警手环或智能报警器，一旦发生紧急情况，他们只需按下按钮，即可发送报警信号，及时获得帮助与支援。此外，在床上安装智能床垫，可实时监测老人的睡眠质量和体动情况，通过提供褥疮预防和睡眠提醒等功能，保障他们的健康与安全。

远程医疗服务与健康管理接入方面，通过搭建远程医疗平台，提供远程医疗服务，例如视频医疗咨询，使老年人在家中就能获得诊断和治疗建议，免去频繁外出就医的困扰；构建智能健康管理平台，监测老年人的健康数据，如心率、血压等，为他们提供个性化的健康管理建议，维护老年人健康状况的长期稳定。

智能安全设施与辅助设备接入和远程医疗服务与健康管理接入这两部分适老化改造都离不开互联网+、5G、物联网、云计算、大数据等相关养老服务技术。应用场景如提供在线服务平台让老年人和其家属可以通过在线查询和预约平台，轻松获取所需的养老服务，提高服务的透明度和增强其便捷性，为他们提供更周到的服务。或是通过社交互动平台，使老年人能够与家人、朋友和社区保持联系，减轻社交孤立感，增进彼此之间的情感交流等。

二、家居空间场景的智慧适老化改造

在居家环境中进行智慧适老化改造可以根据不同的空间场景来进行具体改造，见表4-4。

表 4-4 智慧适老化改造列表

卧室	厨房	浴室	客厅及起居室
智能照明系统 智能床垫 床边智能控制台 健康监测设备 智能声控助手 智能窗帘 紧急呼叫系统 安全监控系统	智能厨房电器 智能水龙头 智能洗碗机 智能烹饪助手 可调节高度的台面 智能食材订购系统 智能垃圾分类系统	智能温度控制系统 智能洗浴助手 智能护理设备 紧急呼叫系统 智能调节坐便器升 　降装置 可调式洗浴设备	智能家居控制系统 智能窗帘 智能照明系统 智能声控助手 智能记忆辅助产品
走廊和门厅	**户外**	**全屋**	
智能照明系统 智能安防系统 智能门锁 虚拟门铃和访客 　系统 智能音响和通信 　设备	智能照明系统 智能植物浇水系统 无障碍花园 智能安全监控系统	天轨系统 智能照明系统 一体化智能家居 　系统 健康监测设备 可视化智能健康 　管理平台 智慧安全预警系统 智能门禁和出入 　管理系统	

卧室智慧适老化包括智能照明系统、智能床垫、床边智能控制台、健康监测设备、智能声控助手、智能窗帘、紧急呼叫系统、安全监控系统等，这些智能设施能监测老年人的安全和健康状况。

厨房智慧适老化可以添加智能厨房电器、智能烹饪助手、智能水龙头、智能洗碗机、可调节高度的台面、智能食材订购系统、智能垃圾分类系统等。这些智能设施使厨房操作更加智能化，并且能预防厨房突发事件，满足老年人烹饪的多方面需求。

浴室可以添加智能温度控制系统、智能洗浴助手、智能护理设备、紧急呼叫系统、智能调节坐便器升降装置、可调式洗浴设备等。这些智慧适老化改造措施旨在为老年人洗浴带来更多便利与舒适。

客厅及起居室智慧适老化包括智能家居控制系统及整合的各项设备，具体包含智能窗帘、智能照明系统、智能声控助手、智能记忆辅助产品等，为老年人的日常生活提供辅助，提高老年人的生活质量。

走廊和门厅主要添加智能照明系统、智能安防系统、智能门锁、虚拟门铃和访客系统、智能音响和通信设备等，旨在增强走廊和门厅的安全性与便利性。

户外空间智慧适老化包括添加智能照明系统、智能植物浇水系统、无障碍花园、智能安全监控系统等。这些智能设施让户外成为老年人放松、锻炼和社交的理想场所，为他们创造健康、愉悦的户外体验。

全屋场景的适老化改造可以针对重度失能的老年人家庭安装天轨系统，通过在房间的天花板上设置滑轨和滑车，搭配吊床或椅子等装置，让老年人能够便捷、安全地在整个房屋内移动；智能照明系统可根据需要自动调节灯光；一体化智能家居系统可以整合多个智能设备以方便集中控制；健康监测设备则可以分布在各处，实时监测生理数据；可视化智能健康管理平台通过数据可视化展示健康信息；智慧安全预警系统采用智能感知技术提前发现潜在风险；智能门禁和出入管理系统确保只有授权人能进出。这些设备相互协同，为老年人提供更智能、安全、舒适且健康的居住保障。

总的来说，利用智慧适老化改造的科技手段和人性化设计可以为老年人创造更美好的生活环境，让他们享受晚年的时光，保持健康、安全、快乐和尊严。

第五章

智慧养老服务场景案例

——生活照料

　　信息技术的发展推动了老年人产品和服务进入智能化领域，给老年人带来了更多生活和生理问题的解决方案，富足的生活让更多老年群体在社会层面、家庭层面得到照顾和帮助。在老年人生活照料场景这一市场细分领域出现了各类以智能技术赋能老龄化问题的解决方案。

　　本章以老年人生活照料的场景为出发点，以饮食辅助、智能卫浴、智慧移动辅助、智能家居四个方面的设计案例为切入点，对智慧养老设计在老年人的日常生活中的应用进行介绍。

第一节　饮食辅助

　　老年助餐服务作为社区居家养老服务中的关键一环，旨在解决家庭养老功能的溢出问题，即解决老年人吃饭难的问题，为他们提供助餐服务。在老年助餐服务的发展初期，主要服务对象是高龄失能、空巢等需要照料的老年人，助餐服务点为其提供配餐或上门送餐的服务。随着老年助餐服务的不断发展，受众人群不断扩大，老年助餐服务延伸至低龄、有需求的老年群体。老年人的助餐服务场景也越来越多样化，包括订餐、送餐、自动喂食和自主进食等方面。这些服务不仅帮助老年人解决吃饭难的问题，而且减轻了家庭养老负担。

一、智能防抖勺

　　帕金森病是一种常见于中老年人的神经退行性疾病，它主要表现为肌肉强直，运动迟缓，手、口不受控制地颤抖。帕金森病患者在吃饭时，往往因为手或者嘴的不自主抖动，造成基本的自主进食障碍。据统计，我国有三四千万人遭受着手部抖动的影响，导致无法自行进餐。为了改善这一人群的生活，某科技公司研发出了一款能够智能识别并主动抵消手部抖动的智能防抖勺，旨在改善帕金森病患者的生活，让他们进食无忧。

该智能防抖勺坚持以极简的设计方式，还原产品的本质，它摒弃了多余的修饰性语言，让产品设计更加简洁。该智能防抖勺采用了高速智能控制系统，基于无人机的技术设计，可以做到360度无死角的防抖，最大限度地抵消85%的手部抖动，让老年人的进食过程更加自主和可控。这款防抖勺还拥有一个全自动模式，当用户拿起手柄时会自动开启，放下时会自动休眠，而且可以实现超长3小时续航，充电一次可保证三天正常进餐使用。设计师还考虑到这类老年人的手部能力较弱，充分使用了人体工学设计，将智能防抖勺的重量控制在130克，且手柄处的弧度可以完全贴合老年人的手部，更适应一般老年人的使用习惯，让他们可以轻松地拿起和放下。为了适应不同人群的餐饮习惯以及食物种类，该智能防抖勺还采用了磁吸式可替换餐头设计，配备了更方便的可替换勺子和叉子，如图5-1所示。常规饭勺应对一般食物，深汤勺便于吃流食和喝汤，叉子则可以轻松应对面条和西式餐点，餐具头部可拆卸，便于清洗。

该智能防抖勺最核心的技术是内置系统会自动学习手部颤动的模式并上传数据到云端，通过自适应算法优化，自动更新内置软件，更好地配合患者以不断完善防抖性能。

除了可以全方位防抖，智能餐勺还能让使用者越用越顺手。它可自行启动智能学习模式，采集使用者手部运动的详细数据，并可根据这些数据进行智能学习，动态调整其内部软件参数，以更好地配合使用者进餐。

该智能防抖勺在2017年国际消费类电子产品展览会CES上被评为

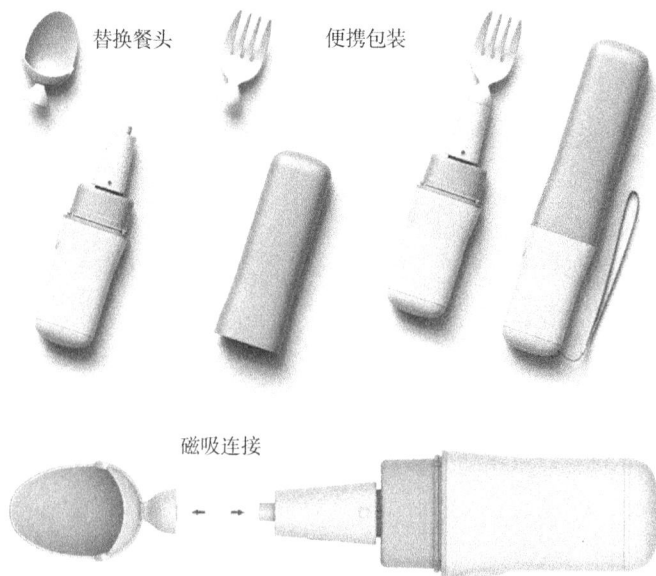

替换餐头　　　　　便携包装

磁吸连接

图 5-1　某品牌智能防抖勺

"十佳科技新品"，以赞扬该产品的独特视角和人文关怀理念。

二、喂食机器人

机器人协助人类护理成为饮食辅助的一条重要解决途径，其中喂食机器人就是典型代表。尤其在病毒易传染情况下，这不仅增强了老年人用餐的便捷性，大大减轻了护理人员的工作负担，更重要的是可以降低交叉感染的风险，保障老年人的用餐安全。2016 年美国某公司推出了一款喂食机器人，如图 5-2 所示，旨在帮助无法自主进食者完成进食。

该喂食机器人主要由两部分组成：一个带有四个餐盘的底座和一个可以 360 度自由旋转的机械臂。造型采用大曲面、大倒角，机身是纯白色，看上去更加干净卫生，能很好地融入家庭场景，给使用者带来安全感和舒适感。它的使用方法很简单，护理人员将菜和肉切成小块放在底盘上的四个圆形餐盘中，进食者通过控制机器人身上的两个按钮操纵机械臂来吃饭。一个按钮操作机器臂在餐盘间活动，另一个按钮用于选择食物，使勺

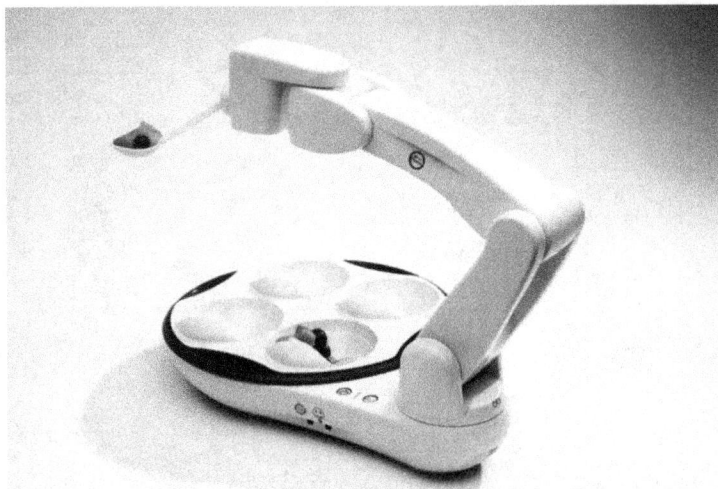

图5-2　美国某公司推出的喂食机器人

子下降挖取食物，并将食物送到嘴里。该喂食机器人的设计不仅方便进食者使用，还提供自定义功能。护理人员可以根据老年人的具体需求和身体能力来定义按钮的各项功能，使之更人性化。按下底盘上的按钮后，那些手部仍能使用、但无法稳住勺子的老年人也可借助该机器人吃饭。饭后，只需用消毒抹布或湿毛巾擦拭餐盘底座和手臂即可。

　　之所以说该喂食机器人是智能机器人，是因为它内部有"教导模式"。通过这个功能，用户可以将机械臂定位到指定高度。第一次"教导"之后，它就会记下这个位置，再次使用时，它便会自动举到记忆高度。若使用者发生变化，看护人员需要重新"教育"，设定新高度。该机器人的机械臂非常灵活，汤勺本身可以旋转，它能刮掉碗侧面的食物，并根据它捡起的食物种类和数量进行自我调整，还可以检测碰撞，使用过程中，若有物体突然挡住它的运动路径，它会及时停止动作。该机器人配有可充电锂电池，每次充满电可提供长达4小时的进食使用。

　　该喂食机器人是业内第一台陪伴型喂食机器人。对于那些患有肢体障碍疾病，例如帕金森病、运动神经元病或其他导致上肢运动控制功能受损的老年人来说，该喂食机器人能提供独立的进食体验，解决了他们居家进食的难题，让用户重新找回信心、尊严和独立。

三、康养移动边桌

康养移动边桌是一款针对"新银发"用户在卧室场景使用的家电产品。这款新一代可移动床边桌可以满足失能、半失能老年人日常床边饮食需求，旨在为他们提供全新的医疗级饮食体验，改善他们的生活环境和丰富他们的日常生活。

康养移动边桌在外观造型上和整机的出水管道高度设计上充分考虑了人体工学，使其达到老年人舒适的扶手区域高度。为了保持良好的用户体验，秉承删繁就简的原则，所有复杂和不相关的设计元素都被删除。而医疗级别的智慧管理是该产品的另一大设计特点。在功能使用上，它丰富了许多老年用户需求的功能，如机器桌面有专门的水杯、药盒和食物加热区域，同时，下方可打开柜门拆卸、更换水桶。抽屉内部的药物放置区域还具有食物保温和餐具消毒的功能，既方便老年人操作，又保障了他们的饮食安全，如图5-3所示。在色彩搭配上，以大面积的亚光白色为主，让用户感觉更专业卫生，且能融入各种环境。

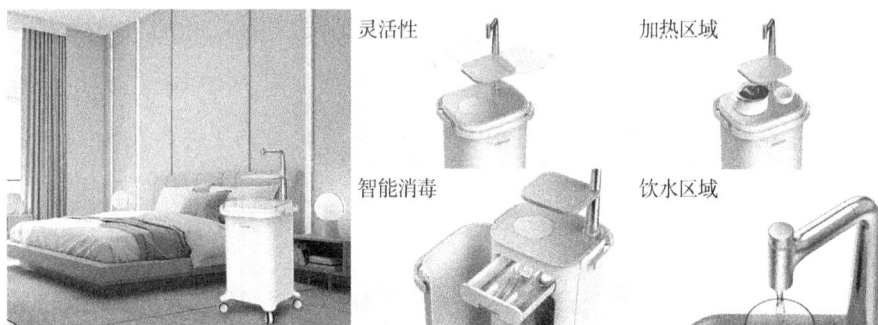

灵活性　　加热区域

智能消毒　　饮水区域

图5-3　某品牌康养移动边桌

总体来说，康养移动边桌利用简单的操作为用户提供医疗级别的智能管理功能。该产品的创新设计大大改善了老年人的饮水和饮食环境，使得老年人可以享受更先进的饮食服务，同时降低亲属和护理人员的工作难度，也为他们提供更高效的工作环境。

康养移动边桌的设计理念是为老年人提供专业的饮食服务。

四、送餐机器人

2022 年 4 月 26 日美国一家公司发布了一款室内终端配送机器人，专注于极致的送餐体验，是一款集"揽客、配送、回盘"于一身的送餐机器人。

在美国西雅图的一家老年生活社区内，该送餐机器人为老年人提供精准、有趣的送餐服务。如图 5-4 所示，在社区食堂内，用户只需要呼叫一声"某某机器人，请就位"，机器人便会自动规划路线，准确地到达指定位置为老年人提供"揽客引流、智能配送、撤台回盘"等一系列智能服务。该送餐机器人还会给老年人列出每天的日程安排，帮助老年人清晰地了解当日的食堂安排和其他娱乐活动安排，并和老年人进行简单的聊天互动。除此之外，它还能够记住老年人的生日，并在生日当天送上祝福，为老人唱生日歌。该送餐机器人不仅为老年人提供了便捷有趣的送餐服务，还减轻了社区服务人员的工作压力。该送餐机器人在接收到用户的选餐信息后会立即将信息传输至后厨，随后便返回厨房，等待厨师把盛满美食的盘子放在托盘上，送到老年人面前。这样，社区食堂的服务人员无须在餐厅和厨房之间往返，他们只需要站在老人旁边，和他们一起聊天互动即可。

该送餐机器人采用了可替换的方盘和圆盘配置，确保在宽 60 厘米的通道内可自由通行。方盘最大承重达 30 千克，采用了 300 度开放托盘形态，载人级一体化车身设计。除此之外，该送餐机器人还具有自研导航系统，可通过对楼层不同细节信息的感知，如楼层号、照片海报、墙面纹理等信

图 5-4　送餐机器人

息识别，提升产品对环境的感知能力，进一步增强机器人产品的导航稳定性与准确性，并采用"云+端"计算一体化，解决行业内机器人端单位算力成本居高不下的难点，降低了本地的算力要求，突破了机器人端的性能限制。

但对于那些在电脑和手机问世之前出生的一代人来说，确实需要一些时间来适应和接受该送餐机器人。使用者反映："我自己有点担心机器人和人工智能会带来什么影响，不过我对这台机器并不担心。"另一位用户则表示："在我第一次来这个地方的时候，机器人正好从走廊经过，然后有人挡在它面前。它会主动说'不好意思，我正在工作'，并等待那个人离开后继续前进。我觉得它很有礼貌也挺有趣的，而且我觉得我们也需要一些乐趣。"

第二节　智能卫浴

在对老人进行生活照料的过程中，"助洁"是一项重要且复杂的工作。

特别是对失能、半失能的老年人来说，智能卫浴产品和产品服务系统尤为重要。国内外在智能卫浴和智能排泄辅助等相关方面的产品研发上投入了大量人力财力，取得了重大的科技成果。

一、老年人马桶智能升降辅助器

近年来，我国人口老龄化加快，更多老年人倾向于居家养老。老年人的身体机能逐渐衰退，导致如厕时突发疾病、腿脚乏力跌倒等意外的发生。针对这些痛点，我国某卫浴品牌研发了老年人马桶智能升降辅助器，旨在帮助腿脚不便的老年人使用卫生间，保障老年人的如厕安全。

如图5-5所示，用户在使用该辅助器时，只需要点击按钮控制辅助器升降至合适的高度，它便可以对老年人身体进行支撑，不仅能够帮助老年人如厕，还适合腰腿乏力的老年人用来恢复半自理能力。而且，这款设备具有监测系统，会在使用者久坐时发出提醒，避免在使用时造成潜在的风险。同时，它还可以监测老年人的心率状态，时刻关注老年人的身体健康状况。在发生异常情况时，可以一键紧急报警，向预设的监护人发出求救信号，杜绝意外情况的发生，是居家养老场景中，老年人如厕安全的重要保障。

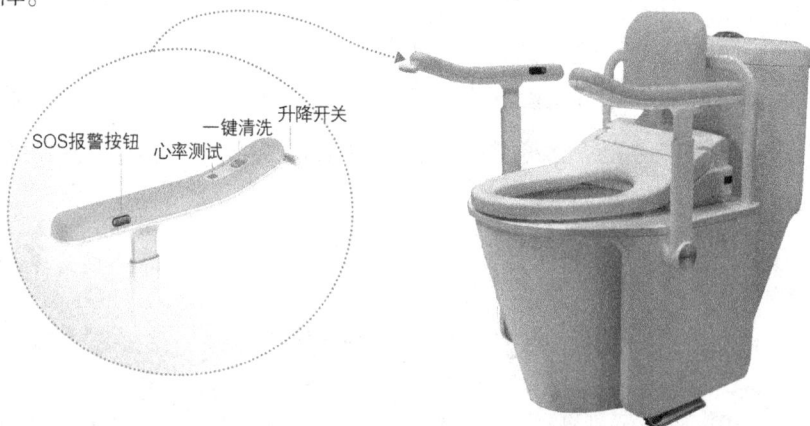

图5-5　某品牌老年人马桶智能升降辅助器

该老年人马桶智能升降辅助器在结构上采用了 12 度的人性化倾斜角设计，符合人体比例。并且它还具有强大的兼容性，可以通过一键升降功能调整高度来适配不同型号的马桶，升降后最高可达 60 厘米，适合不同身高的老年人，简单易用。在外观上，这款智能升降辅助器设计比较圆润温和，采用了温馨的家具色彩，白色和暖色的搭配，给人以柔和、可亲的感觉，让使用者更加舒适放松。

该产品斩获 2018 年中国设计智造大奖的"佳作奖"。该品牌持续在研究智慧健康老年卫浴产品，引领老年卫浴产业发展，造福"银发族"。

二、座椅式智能助浴设备

为老年人"助浴"是一项极为复杂的服务，特别是针对失能、半失能老年人的"助浴"。这类老年人不具备在居家环境内自主洗澡的能力，护理人员上门"助浴"成本高、效率低，其间也极易发生因为地面湿滑导致老年人在浴室摔倒。因此，"助浴"服务往往是在社区的日托中心统一开展，由大量护理人员和专业设备介入。常规的助浴，需要几位护理人员协助把老年人转移到公共浴室或卫浴间内，然后利用专业的淋浴机器为老年人提供安全可靠的淋浴服务。针对该思路，我国某集团联合某卫浴品牌聚焦养老社区公共用浴安全，研发了一款座椅式高端智能助浴设备，如图 5-6 所示。

该座椅式高端智能助浴设备主要是针对失能、半失能、残疾、高龄老年人开发的。我国某集团在原有日本进口专业助浴设备的基础上进行本土化改造和升级。老年人在从居家转移到社区日托中心洗浴的过程中，会有一个转移、摆渡的步骤，稍有不慎，会给老年人带来二次伤害，而且对老年人的尊严也是一个很大的考验。该座椅式高端智能助浴设备则充分考虑到这个问题，可以做到轮椅直接入浴，从根源上杜绝了此类问题的发生，也简化了烦琐的搬运流程，提高了洗浴效率。除此之外，该

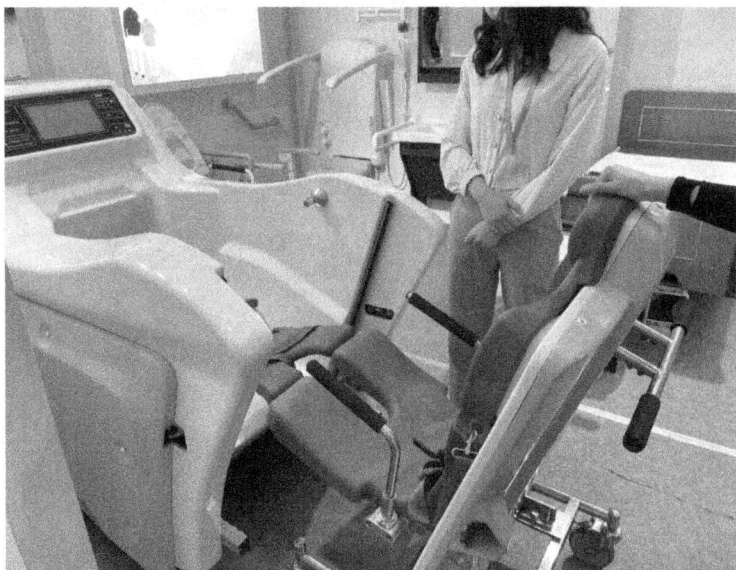

图5-6　某品牌座椅式高端智能助浴设备

洗浴设备的安全系数更高，它采用了独立分开的人体用喷管和机器消毒喷管，降低感染风险。一旦水温异常，机器会自动停止运行，并且它的工作效率更高、成本更低，单人洗浴仅需用水 80~100 升，是普通淋浴设备 1/5~1/4 的用水量，无须护理人员和老年人等待加温时间，开机即可入浴。半封闭座舱式设计构造，使用者入浴空间宽敞。所采用的摇摆式淋浴喷头，水雾细腻、喷洒均匀，细致清洗全身，为老年人提供专业级洗浴服务。

总体来说，该产品是一种高科技、智能化的浴室设备，它能够为老年人带来更好的洗浴体验，节省清洁时间和水电资源，在健康和舒适方面也有所提升，提高了老年人的生活品质。

三、适老化卫浴系统

针对能自理洗浴的老年人，某品牌为老年人的卫生间添加了适老化设计。该设计以人为本，是灵活、适应性强和可扩展的系统，具有现代形式和更强的功能。这种设计支持用户的独立性，可以提供个性化定制，完全根据用户的需求和愿望量身定制。

该适老化卫浴系统包含悬臂、淋浴椅、镜子搁板和马桶刷套装等模块。设计的铰链支撑导轨具有多种颜色组合（如图5-7所示），提供了广泛的偏好选择。可供用户选择的颜色搭配有纯白色、纯无烟煤色和无烟煤色与白色混合搭配三种。图5-7（左上）的悬臂表面有光泽，握垫是亚光的，由于亚光表面的柔软触感，为老年人提供了更好的抓力。该卫浴系统的座椅考虑了人体工程学和动觉方面，如图5-7（左下）所示，为老年人提供了便捷的高度调节选项，使座椅可以适应用户的体形，提高坐姿舒适度。除此之外，该卫浴系统还具有单独组合的附加功能，例如座椅高度调节和折叠支撑把手，满足了不同用户的差异化需求，也保证了产品的舒适使用，并强调系统的灵活性。带有集成手柄的镜子搁板可提供安全固定，如图5-7（右上）所示。在把手的帮助下，老年人可以在洗脸盆前独立站起来，并可以在坐着或站着时找到一个安全的把手来握住。手柄由优质聚酰胺制成，具有柔软舒适的感觉。马桶刷套装特别人性化，特别是对于行动不便的人。马桶刷具有符合人体工程学形状的加长手柄，更易于抓握，如图5-7（右下）所示。马桶刷碗呈圆锥形，允许马桶刷自动居中。附带的内部消毒液储罐可显著改善马桶的卫生状况。不仅如此，刷头还可以快速轻松地更换。该系统为老年人提供了一个舒适轻松的卫浴氛围。

总的来说，老年人在使用适老化卫浴系统时，可以体验到更加个性化的卫浴服务，并且随处可见不同类型的把手，保障老年人在该空间内的安全。这种设计能方便长时间待在家里的老年人和残疾人。

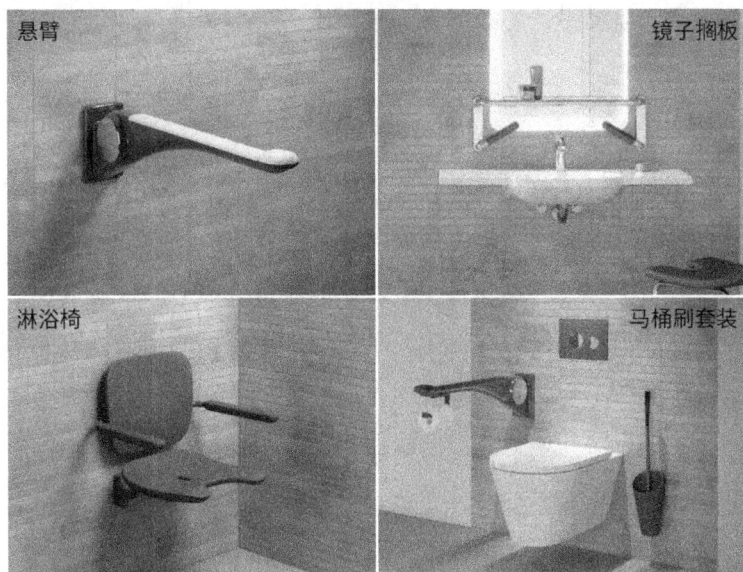

图 5-7　某品牌适老化卫浴系统产品细节图

第三节　智慧移动辅助

随着生理机能的不断减退，因腿脚不便导致"移动"困难成为老年人日常生活的挑战。老年人移动需求主要包括室内移动、室外移动和复杂的室内外转变移动，与之相对应的各类移动辅助器具可以增强移动的安全性、舒适性和便捷性，以实现老年人基本生活的自主性需求。

一、软质动力服

图 5-8 所示的软质动力服是由某服装公司与某设计公司共同合作设计的。这款衣服采用了一种巧妙的外骨骼设计，能够为一些行动不便人士及老年人提供更多的核心动力，对他们的日常生活进行行为支持，甚至还可以帮助他们搬运重物、提供长期站立辅助和爬楼梯等功能，可在室内外多

种场景下使用。

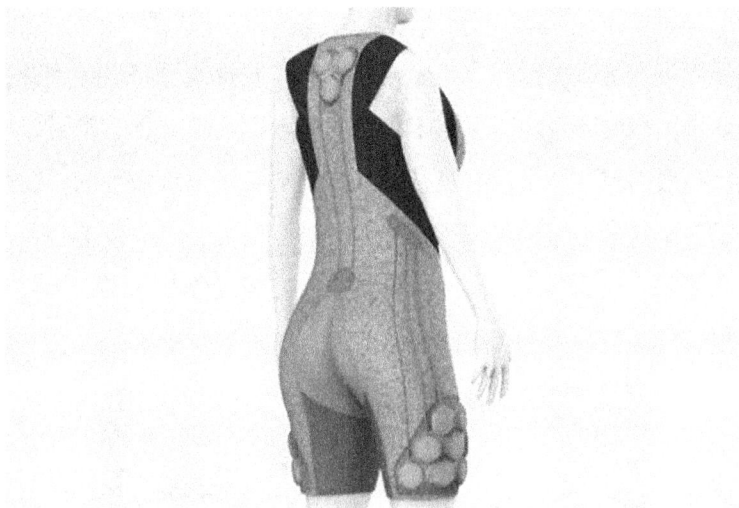

图 5-8　软质动力服

这款动力服是由一种软质内衣材料制成的，材质柔软，适合绝大多数人的体形。它充分考虑到适用人群的承重能力，该产品大约 1.8 千克重，相当于一件普通牛仔外套的重量，轻便舒适。人们可以把它穿在正常着装之下，为身体提供力量支撑或者提高肢体的灵活度。该动力装置套装包括电机、传感器和人工智能系统。通过一层薄薄的驱动器，内置电脑系统的控制可以实现像人类肌肉那样的扩张或收缩，以此增强用户的躯干、臀部以及腿部的核心支撑力，从而帮助用户执行站立、行走或坐下等各种不同的动作。通过运动传感器、加速传感器和陀螺仪探测用户四肢和身体的速度及角度，并据此对用户的动作进行调整。当用户需要该动力服的帮助时，只需启动电源，它就能精确地完成指定动作。

该产品在 2018 年投放市场，行动不便的老年人在该服装的帮助下，可以自如地行走、拿东西，甚至是上下楼。它为行动不便的老年人回归正常生活提供了有效的支持，重建他们对生活的信心。

二、智能天轨系统

在照顾卧床老人的时候，亲属或护理人员时常需要将老年人翻身，或将老人从床上抬起安全地搬运至床边的轮椅上。这是一件非常需要技巧的体力活，一般而言，一个没有经过系统培训的人是很难做到的。智能天轨系统能够安全高效地帮助亲属和护理人员转运失能、半失能老年人，极大降低搬运过程中使老年人坠落的风险。在2023年上海国际慈善辅具及康复医疗博览会现场展示了一套智能天轨系统，如图5-9所示。

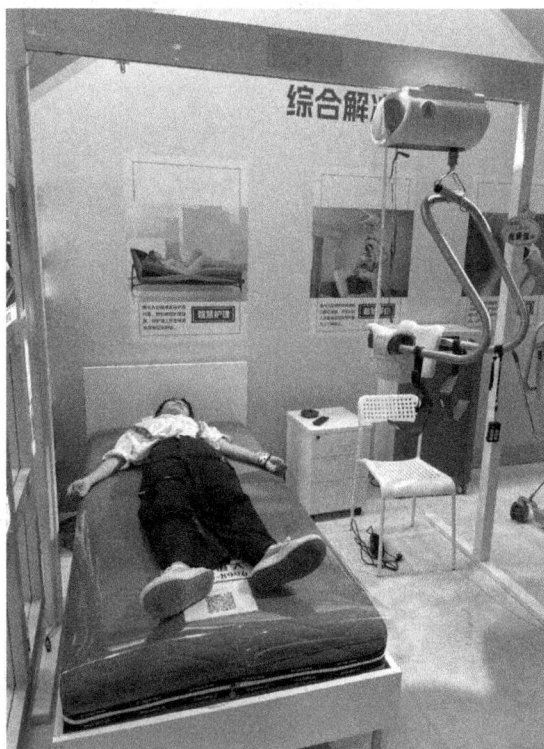

图5-9　智能天轨系统

这套智能天轨系统的移位功能专为护理人员移动卧床老年人设计。它借助灵活的轨道系统，将轨道安装于室内房屋顶部，利用可沿轨道滑动的升降机头，选择合适的穿戴吊衣，将"患者"安全悬吊，转运至室内任何一个轨道覆盖的区域。该产品提供不同种类的吊衣以在各种场景下使用，比如如厕、洗浴、轮椅转运、平躺转运等，实现行动不便、长期卧床的老年人在不同功能区域内的安全转运。

因为面对的是亚洲市场，故设计师充分考虑了亚洲人的体形特征，且系统最大可以承受 260 千克的重量，这对于一般亚洲人而言绰绰有余。此外，智能天轨系统还有康复训练功能，帮助患者进行起立、平衡和步行训练。根据场地环境，利用房顶设计合理的轨道系统，大大节约了医院康复科室的空间。同时提供被动和主动的步行训练模式，可以与现有多种康复设备组合使用。

总之，这套系统操作简单，使用方便，不仅能极大减少搬运过程中患者的坠落风险，而且还能降低护理人员和亲属的工作难度，使工作效率大大提高，让老年人的室内移动变得安全可靠，同时降低了褥疮和其他身心疾病发生的概率。

三、电动轮椅

独立出行是残联人士或四肢不便的老年人最基本的需求之一。如图 5-10 所示的电动轮椅旨在减少因移动困难而导致的出行障碍。它打破了150 多年来轮椅使用者一直被推着走的束缚，让用户更具独立性和灵活性。

该电动轮椅实际是一种自平衡的两轮汽车，专为年长又希望保持社会生活的人而设计。它由操纵杆或智能手机控制，体积小巧，灵活敏捷，机动性强。老年人乘着它就像长着一双"电动脚"，可以通过狭窄的餐厅、电影院和商店的过道。在老年人与他人交流过程中，电动轮椅能平稳地将用户提升到与对方眼睛齐平的高度，让用户不再被轻视，或被当作低能力人群对待，而是得到应有的尊重。该产品为老年用户打开了新的世界，让他们能像正常人一样自由地穿梭于家庭与公共场所。

该电动轮椅外观上采用了大面积的白色，搭配黑和灰两种颜色，减去

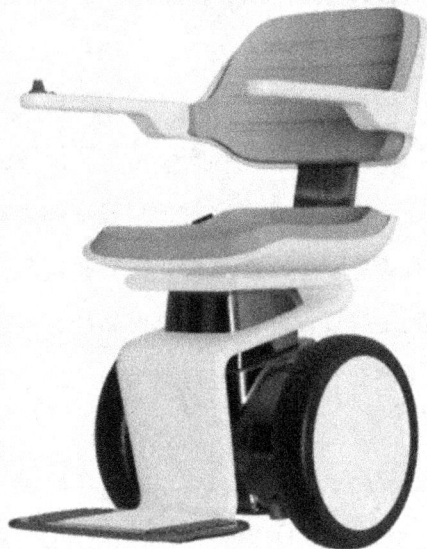

图 5-10　某品牌电动轮椅

了繁杂的细节，保留了整体的简洁性，给人以干净简约的印象，十分适合老年人在各个场景内使用。在结构上，它充分考虑了老年人不同身高、体形的需求，在座椅底部使用伸缩结构，应对不同场景下不同老年人对高度的需求，解决了他们在日常生活中拿取物品的难题。材质上由易清洁的材料制成，使日常清洗更加方便。

此外，为了满足不同经济状况和需求的老年人，该品牌电动轮椅还在养老村、购物中心、主题公园和交通枢纽等场景展开了租赁计划，鼓励老年人积极出行和消费，而不是被动待在室内，让他们重拾生活信心。

四、智能拐杖

除了助行轮椅，拐杖也是老年人在生活中最常使用的移动辅助器具之一，然而相较于普通老年人，患有帕金森病的老年人使用手杖助行的难度大大增加，这对手杖的适应性提出了新的挑战。针对这个问题，某科技公司研制出一款智能拐杖，可以有效地帮助帕金森病患者恢复一定的行动能力。

该智能拐杖集成了一个用户在行走时体验到的触感回馈系统，该系统实际上是为了分散用户大脑的注意力，防止帕金森病患者在某个时间点上"步态冻结"。当帕金森病患者在行走过程中出现"步态冻结"的时候，他们的双脚会像磁铁一样被吸在地面，身体因惯性向前倾，从而导致摔倒。该智能拐杖的设计思路是建立某种触觉的节奏，患者在接收到触觉反馈后，在拐杖的帮助下避免"步态冻结"。该智能拐杖能帮助用户重拾对行走的信心，并使他们重获生活独立。除此之外，系统内还增设了多项辅助功能，如图 5-11 所示，"健康助手"可以关注用户的心率，记录在手机应用程序上，方便用户或家人查看日、周、月报告。紧急按钮中的发光圈可以在用户行走时同步闪烁，与其保持同一频率。内置的 GPS 跟踪功能可让家人保持对用户位置的了解，紧急按钮在发光圈的中央，按下后，它会向紧急联系人的手机应用程序发送通知，并提醒医务人员发生了紧急情况。该智能拐杖还可以添加紧急呼叫功能，通过智能语音呼叫就可以发送通知到家人手机上。无线充电实现了把它挂放在充电座上即可充电，充电座的设计可以让拐杖从左右方向都能放置，充电座可以被固定在墙上，例如在进门处、卧室、走道等墙面上。

图 5-11　智能拐杖及其辅助功能

拐杖外观简约大方，而且充分考虑了人体工程学，手柄的弯曲程度可以很好地贴合老年人的手掌，在手柄末端还贴心地附有手把带。重量上也充分考虑了老年人的能力和需求，最大限度地控制了自重。用户还可以通过自己的喜好定制合适的长度，在颜色选择上也有很大空间，有深邃的黑色、简约的白色和时尚的红色供老年人选择。

综上所述，智能拐杖具备触感回馈系统、无线充电、健康助手、发光圈和紧急按钮等功能。它的特色在于全方位保障帕金森病老年人的行走安全，且兼具美观时尚的设计。这款拐杖还获得了 2020 年德国 iF 设计奖，是一款被国际认可的、集人文关怀与创新理念于一体的设计产品。

第四节　智能家居

老年人智能家居主要是从老年人的需求出发，利用新兴技术和互联网技术驱动智能家居产品从量到质的不断升级。智能家居包括全屋智能系统和智能家居产品，如可自动调节灯光的窗帘电机、可自动调节空调温度的空调伴侣、智能洗衣机和智能门铃等，这些智能家居产品提高了老年人的生活质量和生活品质。

一、智能灯铃

随着年龄增长，老年人的器官衰老是不可避免的，听觉系统也会逐渐退化或受损，主管听力的神经出现问题。2021 年世界卫生组织发布的首份《世界听力报告》显示，全球有超过 15 亿人听力损失，约占总人口数的 1/5（20.3%），其中约 1/3 为 65 岁以上存在中度或中度以上听力损失的老年人，听力障碍仅次于关节炎、高血压，是全球发病率第三高的慢性疾病。在居家养老环境中，老年人听力受损常常会影响日常生活中他们与他人的交流和自身的安全，导致一系列心理健康问题的产生。针对这类问题，一款结合灯和门铃功能的灯铃应运而生，如图 5-12 所示。

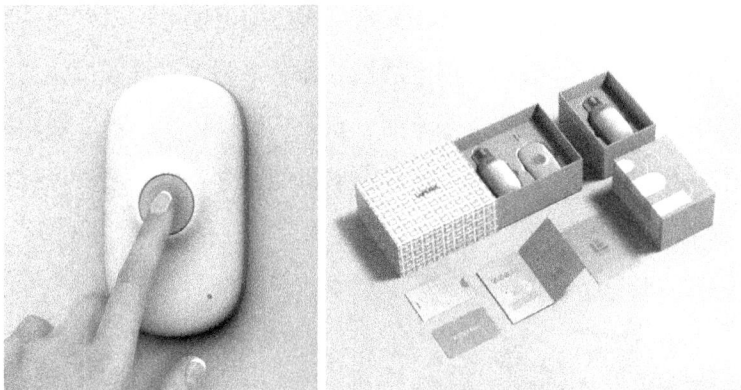

图 5-12 智能灯铃

该设计是一款将灯泡与门铃结合为一体的智能家居产品，主要供听力受损人群和老年人使用。它解决因听力障碍引起的听不见门铃声导致错失访客信息的问题。设计师发现听力受损者会更加依赖视觉，于是就有了这款用视觉来传递信息的灯铃。该灯铃与传统门铃不同，它不使用常规的铃声，而是使用专门的蓝牙灯泡触发灯光信号。当按下按钮时，光源会产生声响和灯光变化这两种反应，灯管会随着声音忽明忽暗，以此来提醒住户有访客在门口，从而引起他们的注意。该产品可以轻松安装到任何灯具上，为日常居家生活提供直观而简单的解决方案。有人按过门铃后，该灯铃可以重复打开和关闭灯 5 次。听力不好的老年人可以通过灯光的变化发现有客人来访。它整体颜色为白色，搭配少量的灰色，造型上简洁小巧，让老年人不会产生陌生感，能很好地融入居家环境。该设计的最终目标不是制造新设备，而是让门铃自然渗透到听力受损的老年人生活中。

这款灯铃具有包容性的设计，通过感官功能的互相转化改变老年人识别门铃的方式，帮助他们及时获得访客信息，让他们在居家的环境中感到更加安全和放心，也减轻了家庭成员的日常照料压力和忧虑。

二、无障碍洗衣机

日常生活中，让坐轮椅的老年人难以操作的家用电器之一便是滚筒洗衣机。从人性化角度出发，韩国产品设计师观察了传统洗衣机，发现传统洗衣机在前开门时占用更多前部空间，坐轮椅的老年用户难以使用。于是设计师提出了具有前卫造型的滑盖式洗衣机的概念，以通用设计优化洗衣体验，如图 5-13 所示。

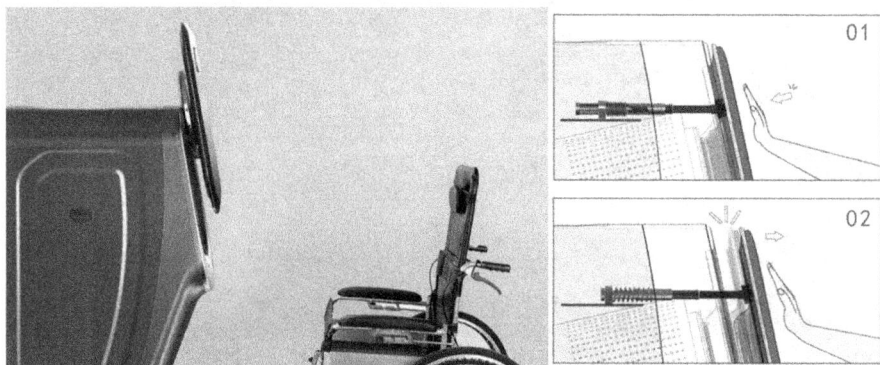

图 5-13　无障碍洗衣机及其使用场景

乘坐轮椅的老年人在洗衣服时，只需要调动轮椅至洗衣机前方，无须担心洗衣机开门占用空间过大从而导致轮椅无法通行的问题。老年人用手轻轻将洗衣机滑盖向内推，"嘀嗒"一声表示滑盖已开启，这时用户再次将滑盖向上方推起即可完全打开洗衣机的门进行衣物投放，如图 5-13 所示。该设计改变了洗衣机侧方开门占用空间过大的问题，轻松一按的滑盖式操作也充分考虑了老年人的手部力量弱等情况，让老年人独立且顺畅地完成洗衣任务，重建生活自信。

滑盖式洗衣机概念消除了空间局促和轮椅阻碍等问题，洗衣机对轮椅上的人来说触手可及。有别于以往滚筒式洗衣机的前开门设计，为了让坐轮椅的人和非轮椅使用者都能使用，此款洗衣机将底部设计特意更改为内缩流线造型，以便轮椅使用者更好地靠近洗衣机盖添置衣物，且考虑到不同用户的身高差异，将洗衣机门的高度调整为对轮椅和站立都比较合适的高度。洗衣机的开盖在前部，上掀盖门使得空间约束性降低的同时，降低了非轮椅使用者弯腰的程度。

该滑盖式洗衣机采用了银灰色的极简前卫外观，同时，将洗衣机正面的玻璃作为超大显示屏，可以随时确认洗涤进度，解决了老年人视力衰退带来的无法识别小屏幕显示洗涤情况的问题。另外，还可以使用智能手表的镜像功能，老年人可以随时随地确认洗衣状况，并且它还结合了应用程序，用户可以远程实时查看洗衣进度。

该无障碍洗衣机通过贴心的设计减轻了使用轮椅的老年人的洗涤操作负担。这款洗衣机充分考虑了轮椅使用者在日常生活中的洗衣难题，包容性和通用性的设计让老年人在居家环境中更加平等自主地生活。此款洗衣机也受到了业界的广泛好评，入围了多项设计奖项，其中包括2019年美国IDEA工业设计优秀奖。

三、某品牌智能家居系列产品

随着年龄的增长，老年人会出现记忆力衰退、听力减退、腿脚不利索等问题，特别是对于独居老年人来说，缺乏及时的帮助会导致一系列安全隐患发生。由此，市面上也出现了不少适合老年人使用的产品，随着智能时代的飞速发展，智能化家居产品更符合当代老年人居家养老安全保障的需求。某品牌考虑到这些问题，研发出了适合老年人居家使用的系列智能家居产品，包括烟感卫士、智能门锁、智能扫地机器人等产品。

由该品牌与某国际品牌联手打造的烟感卫士，实现了天然气探测技术与物联网智能体验的完美融合，如图5-14所示。烟感卫士可以预知火情，通过内置的光电烟雾传感器感知烟雾来探测火灾。在明火产生前15~30分钟的时间段内烟雾达到一定浓度时，报警器会在3米内发出超出80分贝的报警声，并且充分考虑到老年人听觉机能下降的问题，利用视觉和听觉两种方式提醒老年人有危险情况发生，从而保障老年人的安全。

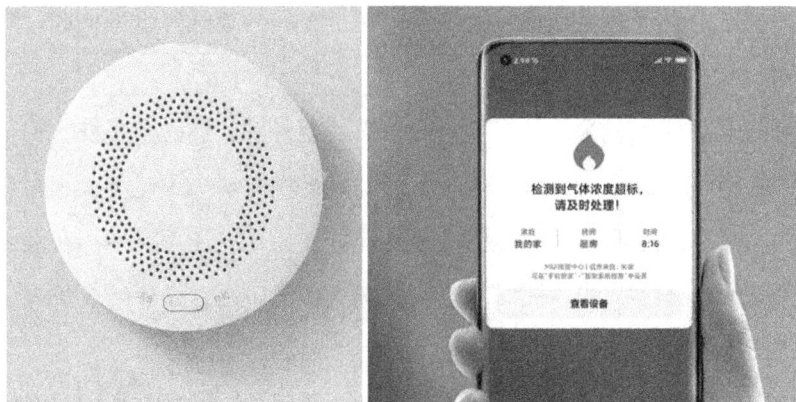

图5-14　某品牌烟感卫士及应用程序

与只能在家里报警的传统烟雾报警器不同，烟感卫士还能远程预警，它可以通过蓝牙协议连接网关至云端，当监控区域的烟雾浓度达到规定的预警值时，设备会立即推送警报至手机应用程序，还可以开启摄像头实时查看险情。让子女无论是否陪在老年人身边，都能获得第一手警报讯息，及时作出防范处理，为家庭安全提供保障。另外，设备联动电磁阀，当有危险发生时，烟感卫士可以通过接线端子联动关闭电磁阀，及时切断泄漏源头，全方位地保障老年人的居家生活安全。

智能门锁能有效解决老年人忘带钥匙的问题，如图5-15所示。该产品充分考虑到老年人由于油脂分泌不足，手部皮肤较干，难以使用指纹锁的问题，可以采用密码开锁。门锁上面的按键部分触摸后会亮起，冷色光在黑色面板上更显眼。门锁还可以和应用程序连接，对需要上门护理的家庭，可以为护理人员设置临时密码，子女也可以通过应用程序查看入户信息，在保障老年人安全的同时，减轻了家庭养老的压力。

老年人腿脚不利索，平时想要维持家里的干净需要花费很多时间和精力，智能扫地机器人便能降低清洁的难度，如图5-16所示。该产品支持语音控制，避免了老年人对智能设备的恐惧心理，只需要呼叫一声，机器人便可以提供全屋地面吸尘和拖地的服务。适老化的设计让老年人使用起来更加省心方便，并且大大降低了老年人弯腰打扫的频率，减少清洁过程中意外情况的发生。

  该品牌系列产品目前已经在全球范围内推出并取得了良好的市场反响。其先进的服务系统和远程监控系统，使得它在老年人居家养老领域得到广泛应用，并受到了用户的好评。该品牌系列产品不仅给予老年人生活

图 5-15 智能门锁

图 5-16 智能扫地机器人

上的便利，为老年人提供了全方位的安全保障，也减轻了家庭和社会的养老压力。

四、全屋智能 MINI

  某品牌全屋智能系统是基于其自主研发的操作系统形成的 "1+2+N"

系统架构，采用了先进的人工智能技术和物联网技术，实现了多个物联网品类智能互联的综合平台，如图 5-17 所示。它涵盖了家庭的各个方面，包括安防、照明、娱乐、控温等，为老年人及其亲属提供了全方位的智能化体验。

图 5-17　某品牌全屋智能系统——智能 MINI

该品牌全屋智能系统在安防方面表现出色，首先，它可以根据用户所需设定安全防护功能，通过智能摄像头 24 小时监测照顾老年人。子女可以通过手机、电脑以及智慧屏等智能终端，随时随地了解家中情况。在老年人突发意外时，系统会跳出手机弹窗提醒并报警，为老年人居家安全提供有效的保障。除此之外，该系统还能智能识别人脸信息，快速识别家庭成员与访客，提供智能便捷的出入管理。其次，设计师为解决老年人应用智能系统的难题带来了更简洁、更轻量化，甚至是无感知的交互模式，即全屋智能 MINI。它外观采用亚光金属漆，金属色泽体现高端质感，工艺上使用防眩玻璃搭配 CD 纹理，更耐磨耐刮擦，此外还使用了 PCB 三防漆，达到防潮、防霉、防烟雾的效果。其造型小巧简约，可以与多种环境适配。智能 MINI 内置纽扣电池、蓝牙天线，可以随心放置，交互点位更加灵活。

　　智能 MINI 还可以自由定义场景。用户把智能 MINI 贴近中控屏光环区，当下场景可以被写入智能 MINI。当用户把智能 MINI 放在最合适的场景所在地时，智能 MINI 能感知到环境并随着场景变化自动触发相关场景模式。譬如准备入睡时，老年人无须再去找中控屏切换灯光模式，只需要将随身携带的智能 MINI 放置在床头柜，就能快速触发助眠模式。而当进入厨房需要开启烹饪模式时，也只需要将智能 MINI 放置在厨房岛台，轻轻一点，原本内置在其中的备餐模式就会自动开启，随时随地实现空间转换。智能 MINI 还可以远程操控全屋其他智能设备，让老年人无须挪动即可操控全屋。此外，该品牌全屋智能系统还提供了丰富的娱乐功能。用户可以通过系统连接家中的音响设备，随时随地播放自己喜欢的音乐或电影。智能音箱还支持语音助手，用户可以通过语音指令轻松操控设备，享受智能家居带来的便利和乐趣。

该品牌全屋智能系统的优势不仅在于其出色的功能，还在于其开放性和可扩展性。该系统支持与其他智能设备的互联，例如智能电视、智能冰箱、智能洗衣机等，通过统一的控制平台，用户可以方便地管理和控制所有智能设备，实现设备之间的无缝协作。该品牌全屋智能系统自 2021 年 4 月推出后，经过持续迭代升级，到如今的全屋智能 4.0，已经构建了一套非常成熟的智能家居生态。

小　结

本章在全球范围内收集了基于生活照料场景下的智慧养老服务案例，分别从饮食辅助、智能卫浴、智慧移动辅助、智能家居这四个方面入手。饮食辅助产品可以通过智能机器人、自适应算法等技术帮助老年人解决吃饭难题，缓解家庭养老困境。智能卫浴产品可以通过智能社区平台、智能系统等设施为老年人提供专业的卫浴服务，帮助他们重建生活信心。智慧移动辅助方面可以满足老年人室内外移动需求，改善老年人移动的安全性、舒适性和便捷性，减轻家庭负担。智能家居产品可以通过数字技术和物联网技术，解决老年人居家的各种难题，提高老年人的生活质量和品质。

通过这些案例我们可以看到，在居家养老环境中，"互联网+"与生活照料场景中的各种需求的结合不仅让老年人日常生活更加便捷，更加安全，还能不断地促进老年人生活场景的智慧化发展，从而完成服务升级，为老年人提供高品质的生活体验，使生活环境更具有包容性。

综上所述，老年人在生活照料的各个场景中都面临一定的挑战，但也有一些解决方法和措施可以帮助他们改善状态。重视老年人对美好生活的需求，加强居家养老环境的包容性可以帮助老年人改善自主生活的能力，提高他们的生活品质。

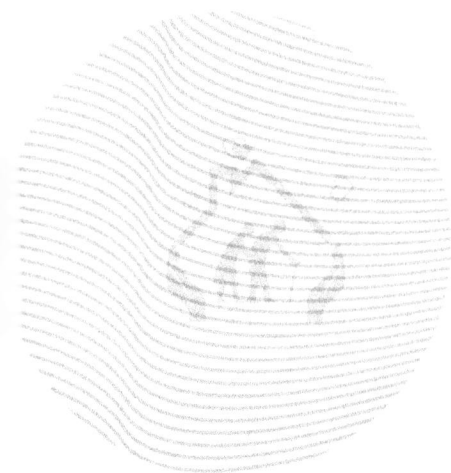

第六章

智慧养老服务场景案例

——康养与康护

居家康养与康护对于身体健康水平管控尤为重要，2022 年 12 月国家卫健委联合教育部、科技部等 15 部门印发了《"十四五"健康老龄化规划》。该规划指出，到 2025 年，老年健康服务资源配置更加合理，综合连续、覆盖城乡的老年健康服务体系基本建立，老年人健康预期寿命不断延长。规划还提到加强老年人群高血压、糖尿病、冠心病等重点慢性病以及阿尔茨海默病、帕金森病等神经退行性疾病的早期筛查、干预、分类管理和健康指导，推动老年人高发恶性肿瘤早期筛查，加强癌症早诊早治。这些内容均与老年人的康养与康护息息相关。

居家养老中康养与康护是指罹患各种慢性疾病的老年人所需要的日常健康监测与管理，以及出院后身体机能的康复保健护理服务。康养主要包括健康监测与评估、营养管理、代购药品、提醒和帮助老年人按时服药、陪同就医、提供医护协助、健康咨询等服务。康护主要包含康复评估、康复知识宣传与教育、康复辅具租赁、功能康复指导与训练等服务。

在康养与康护方面，人工智能技术可帮助居家老年人实现病情变化监测、运动康复支持和体态监测等服务。从国内外人工智能应用领域来看，与老年人相关的应用主要集中在通信类、控制与数据处理类、医疗技术类和辅助用具类等方面。从技术形态来看，康养、康护类老年智能产品主要运用了可穿戴技术和远程监控技术。而人工智能在康养与康护方面主要为老人提供精准化、个性化、专业化和智能化的服务，帮助老年人在家或社区安全而舒适地生活，这对提高老年人生活质量和促进老年人身心健康具有重要意义。

本章将以老年人康养与康护场景为出发点，以身体机能康护、健康管理、智慧医疗三个场景的设计案例为切入点，介绍智慧养老设计在老年人康养与康护需求上的应用。

第一节　身体机能康护

一、音乐治疗应用程序

随着时代的发展，阿尔茨海默病等的认知症治疗和音乐治疗都迎来了数字化发展，例如认知功能评估系统、训练软件、认知小游戏等相继问世，起到了对认知症的检测与预防作用。同时，国内外多家企业也在探索阿尔茨海默病的音乐治疗与数字治疗的融合，以满足认知症人群疗愈需求，弥补专业从业人员的缺口。日本的音乐治疗在认知症干预方面被广泛应用。其中，日本某家医疗中心神经内科与日本运营知识、音乐产业的某集团合作，开发音乐治疗应用程序，目标是可以让更多患有认知症的老年人在家庭环境中进行音乐治疗。

音乐治疗应用程序的核心思路是将回忆疗法和快速唱歌疗法两种线下疗法转化成线上服务，帮助阿尔茨海默病患者进行治疗。其中，回忆疗法主要是通过将患者的个人经历作为主题，为每位患者量身打造，展示他们难忘的照片、视频和音乐。而快速唱歌疗法是将患者记忆中的怀旧歌曲（音乐风格不限）混合式拼接。患者在没有被预先告知歌曲名称的情况下，连续地唱歌，这是通过非语言交流的方式帮助患者感受人与人之间的联系。

音乐治疗应用程序进行了适老化设计，界面简洁易操作。用户使用时需要先注册并填写个人信息，方便系统收集、分析用户的临床数据，而后系统将会自动推送匹配的歌曲，用户也可以自主添加喜欢的歌曲。进入歌曲后，应用程序还提供人声指导、歌词预读、旋律播放、切换时间等选项以满足不同治疗程度的需要。音乐治疗应用程序还设置了医生提醒功能，系统会根据用户的使用情况，适当地以弹窗提示的形式，对用户的治疗计划进行引导，并在用户完成后给予表扬，让患者重拾自我价值感。为了弥补线上无法观察到用户动态这一不足，应用程序还加入了面部识别功能，系统会自动捕捉用户的面部表情，识别结果会反映在接下来的选歌程序中。

音乐治疗应用程序参与不同的联合推广，通过与政府计划"帮助标记"联合、参与阿尔茨海默病国际展会和线下社区音乐聚会三种途径推广。2020 年 5 月，该集团与日本某地区铁路线和"帮助标记"达成了合作，在车厢优先座区域进行推广。在 2017 年的国际阿尔茨海默病协会第32 届年会上音乐治疗应用程序亮相。在大会的博览会上，该集团设立专门展位，供所有关注阿尔茨海默病的人参观。除了国际展会，音乐回想法还走进了社区，以音乐沙龙的形式，让老人们体验"快速唱歌疗法"。

音乐治疗应用程序在 2018 年正式上线，2021 年 9 月开始全面免费使用。虽然该应用程序对改善患者认知水平、提升老年人生活质量的效果明显，但在线下经验转化为线上实践的过程中仍然存在问题。

二、手部功能康复训练一体机

北京某机器人科技有限公司设计了一款软甲手部功能康复训练一体机，如图 6-1 所示，旨在帮助中风偏瘫的患者或手指机能受损的老年人进行手部康复训练。由于传统的手部康复器具制作成本高昂，动辄几十万元，给家庭带来巨大的经济压力。该公司依托软体机器人技术推出的手套售价 5000 元，有医用款和家用款两种类型供不同需求的养老环境使用，大幅度降低了老年人进行康复训练的成本。

该手部功能康复训练一体机降低了对康复环境的要求，使老年人在家

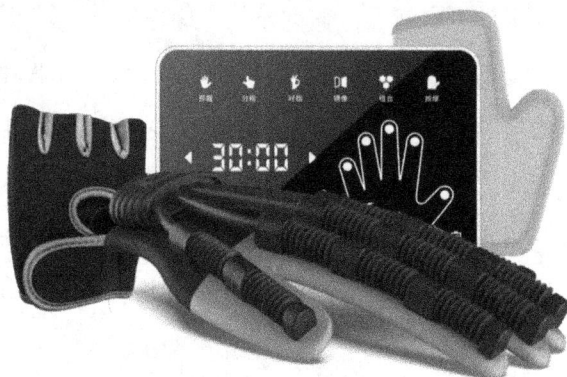

图 6-1　手部功能康复训练一体机

即可进行科学的康复训练，并且兼顾了手部粗大运动与精细运动的训练。为了满足不同康复阶段的训练需求，这款手部功能康复训练一体机为患者提供了六种训练模式。抓握模式可以模拟人体肌肉驱动方式，改善全手肌肉痉挛；对指模式是强调大拇指与其他手指的配合；分指模式则是强化单指训练效果，这两个模式都可以帮助患者手部练习捏、持等精细运动；组合模式可以将前面三种模式结合，对手部进行综合的被动训练，帮助患者进行从粗大运动到精细运动的整体训练；镜像模式则可以识别健手的运动信号，带动患手实现同步运动，刺激神经元的恢复；按摩模式可以在训练前中后期，进行周期性的充气和放气工作，促进患侧手部的血液循环，提升训练效果。

这款手部功能康复训练一体机采用纯软质的材料，具有无毒安全、耐摩擦、防静电、低成本等特点。它能够模拟人手的运动，然后自身产生形变，避免了对患者手部造成大载荷的冲击，让患者在康复期间可以更安全地进行康复训练。凭借软体材料极佳的延展性及亲肤特性，软甲可帮助患者在整个恢复周期进行主被动康复训练。在软瘫期，用"被动抗阻模式"，可进行被动手指关节活动，防止患者关节挛缩、变形；在恢复期（手指能动），可以使用"主动抗阻模式"，适当地进行抗阻训练，帮助手部增强力量。

该款软甲手部功能康复训练一体机仅推出不到一年的时间，就已经售出近千套，还被纳入民政部发布的《中国康复辅具器具目录》，并荣获工信部颁发的中国优秀工业设计奖。

三、健步机器人

如图 6-2 所示，某品牌健步机器人可以针对行动不便的老年人进行安全有效的步行及阻力步行训练。机器人可根据使用者的身体状况调整手柄的位置，机器人一人一卡，拥有自己的个性化定制训练模式，通过 AI 自动解析，不断改善步行训练方案。它易于使用，旨在鼓励用户积极行走，使训练成为一种有趣的体验，以保持他们的动力。

图 6-2　某品牌健步机器人

该机器人外形看起来不像一个行走支撑工具，它具有纤细的外观设计。手柄采用了方便操作的圆形，用户可以根据个人训练阶段改变握持设备的位置。该机器人的起落架采用了大前轮设计，以确保安全性和易操作性，整体颜色上也采用了鲜亮活泼的橙和白，搭配了少量的黑色，赏心悦目的配色提高了用户康复的积极性。该健步机器人还利用了人工智能分析步态，采用可视化技术，以易于理解的方式显示身体功能的变化，以减轻老年人面对训练而无法看到效果的担忧。此外，通过控制后轮马达，使其施加阻力，提供运动负荷。在分析步行结果后，机器人可以根据使用者步态调节运动负荷，以适应其各阶段的步行锻炼需求，增强用户步行的稳定性。

为了鼓励用户坚持锻炼，该机器人除了易于使用，还提供积极的反馈。为了满足这些需求，该健步机器人提供了一些可视化的界面。当用户行走时，屏幕上会显示一个转速表，提供进度反馈，让用户感觉到趣味性。关于用户状态的信息，例如用户在使用过程中向机器人倾斜的程度，通过大图形和明亮的调色板可以直观地显示出来。而且，高可见度的显示屏使视力不佳的人也能轻松确认自己的进步，鼓励他们纠正并改善自己的表现。为了使老年人的康复过程不枯燥，机器人设计师还内置了一个友好个人信息库，可以轻声地叫出用户的名字，并谈论每天的目标，为老年人创造了一种与机器人自然交流的感觉。最后，使用易于识别的拟人化图标显示当天的锻炼信息，这样任何人都可以直观地看到锻炼效果。

该健步机器人为每位老年人提供了相匹配的高品质生活方案，使每一位用户都能感到身心愉悦。尤其是该机器人智能互联的康养功能设计，让大家对健步机器人产品充满信任和信心。

第二节　健康管理

一、智能助听器

当今全球共有听障患者 3.6 亿人，然而助听器普及率却不到 3%，大多数人无法享受到科技带来的便利。因此，市面上急需一款便宜有效、验配方便、跳脱出医疗设备式外观的产品。某品牌的智能助听器，是一款以耳机为原型、以千元的价格实现了万元级助听器 90% 功能的数字通道助听器。

为了减轻听障人士佩戴助听设备的心理压力，该品牌智能助听器采用了近年来流行的真无线耳机造型，佩戴过程中它就同一副蓝牙耳机。虽然外观是耳机，但在材质上，该品牌智能助听器的安全规格要远高于普通无线耳机，同时在耳塞中添加银离子抗菌剂，使得助听器抗菌率高达 99.9%，呵护耳内健康。值得一提的是，助听器上设计了一个半圈"耳撑"，老年人可以在机身上加一个挂绳，避免丢失。入耳处采用耳道贴合防掉设计，符合人体工程学，稳固防掉，长久佩戴舒适无感。该助听器采用物理按键，相较于虚拟按键，可以带来实体的按压感受，更适合对数码产品操作不太敏感的老年人。

该品牌智能助听器还提供了应用程序，用于手机绑定实体耳机。初次使用时，会先进入"自主验配"，通过几十组纯音测试，来检测听力的受损情况，如图 6-3 所示。基于先进的人工智能语音技术，用户还可以通过手机应用程序直观地看到从语音对话转化为文字的结果，通过助听器字幕实现交流的渠道呈现。这款助听器还有一个充电储物箱，助听器一次充电可以连续使用长达 14 小时，而充电储物箱能将使用时间延长至 64 小时。同时，机身配备独立的入耳式检测传感器，可实时判断助听器的开关状态，并在整个过程中实现可靠的啸叫抑制效果，为中重度听损人群带来"高增益，听更清"的聆听体验。

与市面上价格高昂的传统助听设备相比，该品牌智能助听器让听障人士有了简单易用、价格亲民的选择，解决了老年人使用助听器"不会用""用不起"的难题。该产品帮助老年人重建生活信心，让老年人拥有"发现世界美好"的勇气。

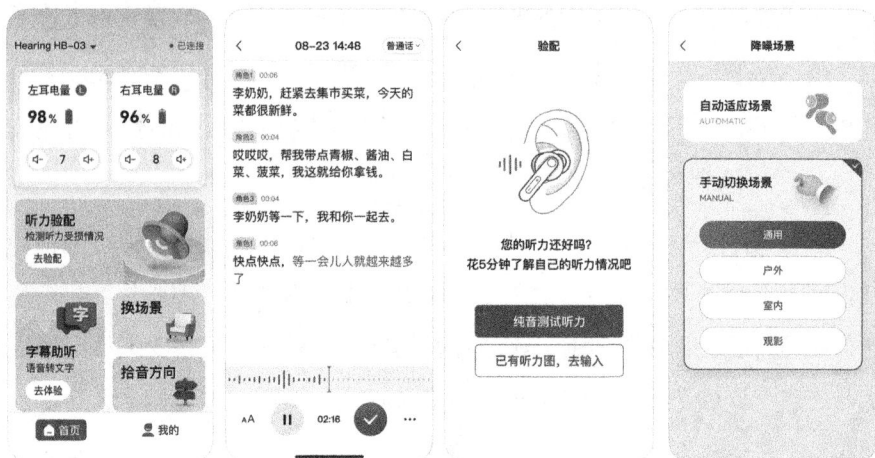

图 6-3 某品牌智能助听器应用程序

二、糖尿病健康监测智能袜

致力于糖尿病患者健康监测的某新创企业研发了一款智能袜，如图 6-4 所示。该袜子通过温度传感器来检测患者是否出现炎症，进而实时监测糖尿病患者健康状况，并及早发现危险。

图 6-4 糖尿病监测智能袜及其使用场景

老年人患有糖尿病的比例较高，糖尿病足是糖尿病的并发症。如果症状严重、控制不好的话，需要进行截肢治疗。该智能袜是为糖尿病患者设计的一款产品，通过监测穿着者足部六个区域的温度，帮助检测可能被忽

视的伤害。如果一个区域似乎比周围的区域暖和得多，这可能表明该区域
发生了持续炎症。如图 6-4 所示，这种袜子可以通过蓝牙连接到病人的手
机上，帮助他们 24 小时监控自己脚部的情况，并将温度数据发送到对应的
应用程序上进行分析，以判断病情是否有异常。更重要的是，这些信息会
被传送给患者的医生，医生可以密切关注危险信号，判断患者是否需要帮
助。特别是针对失能、半失能老年人，他们不具备良好的外出能力，许多
人因为害怕接触病毒而减少去医院的次数。这款智能袜便可以轻松解决这
类糖尿病患者的痛点，让医生远程监测病人的足部健康状况。这款智能袜
通过内部的电池提供电力，电池使用期限为 6 个月。这款智能袜可丢入洗
衣机水洗，清洗便捷。

为糖尿病老年人设计的智能袜是通过非侵入式的监测技术帮助老年人
检测可能被忽视的伤害。该产品操作简单，具有包容性，为老年人的日常
安全提供了很大的帮助和便利。

三、痴呆症简易评估热线电话服务

随着年龄的增长，由于机体衰老，老年人会发生认知能力逐渐衰退
的状况，这不仅会削弱老年人的生活独立性，还常伴随着身体疾病和心
理痛苦，如跌倒、功能性障碍、记忆衰退、整体认知障碍等，进而导致
死亡率的增高，为老年人自身、家庭以及社会带来威胁。因此，对老年
人认知功能衰退的预防和早期干预受到社会广泛关注，日本某通信公司
为此推出了基于人工智能技术的痴呆症简易评估热线电话服务，如图
6-5 所示。

此服务利用电话评估老年人是否已经出现认知衰退症状。接通热线电
话后，系统会引导呼叫者回答一些基本问题，比如通话当天日期、呼叫者
年龄等，大约会在 20 秒内完成，如图 6-6 所示，据此评估他们的语气、
反应速度以及数以百计与认知能力相关的其他因素。通过这种方式快速评

估呼叫者患痴呆症的风险，并当场通过语音告知用户评估结果，所需时间大约为 1 分钟。系统会立即告知用户检查结果是"正常"或"受损"，家人和医疗机构也可通过短信以及在线咨询的形式获取检测结果。

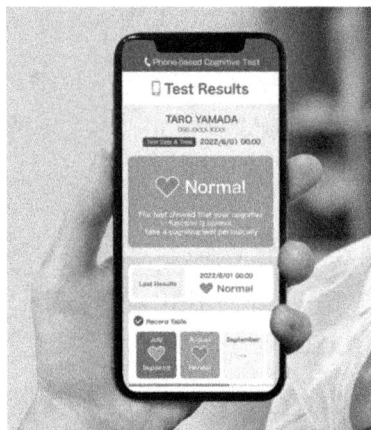

图 6-5　痴呆症简易评估热线——认知测试

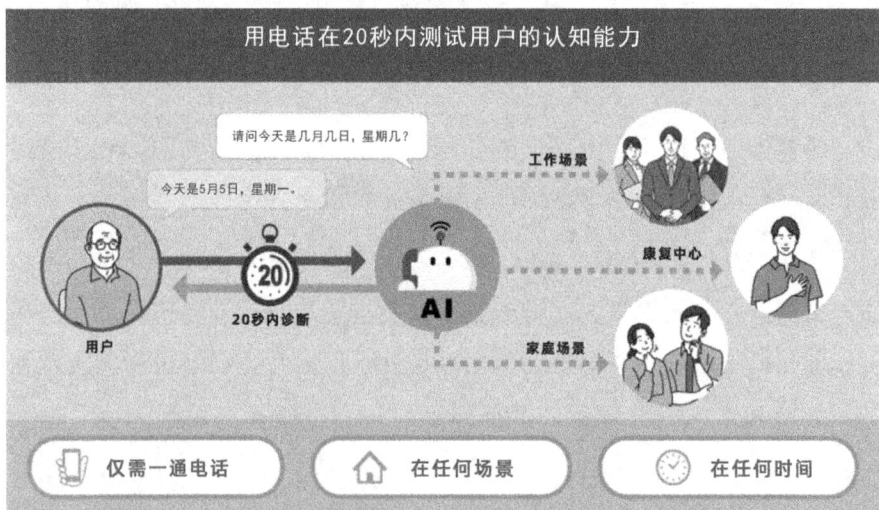

图 6-6　认知测试服务流程

该服务具有包容性，成本低且速度快的优势，无须应用程序，打个电话即可，并且不限于固定电话、老年机或智能手机。该服务使用了 1008 个语音元素进行分析，准确率高，并且还配备了专家监督，老年人的家人可放心鼓励他们使用该服务。

该服务系统一举夺得 2023 年德国 iF 设计奖金质奖，并计划率先在日本推行。该系统成功解决了患者本人及其家人不容易注意到衰退迹象的问题，也简化了诊断普通认知障碍的复杂程序，便于人们在家中轻松开展阶段性认知评估，有利于减轻患者和医务人员双方负担。该通信公司表示，这项服务准确率高达 93%，未来将让用户免费使用该服务。

四、家庭健康云平台

从 2016 年起，某品牌开始积极构建家庭健康云平台。一方面，该品牌有血糖仪、血压计等产品端的医疗背景；另一方面，该品牌携手中国科学院等优秀机构或企业联合攻关，使前沿医疗科技惠及普通患者。该品牌将互联网技术应用于老年人的慢性病健康管理，构建了家庭健康云平台。

该品牌的健康云平台只需要用户将血糖仪通过"××血糖管家"小程序一键绑定，测量数据就会自动同步至该品牌的健康数据云平台。然后依托大数据算法比对参照海量用户数据和权威医学标准，可以对用户健康进行针对性分析，出具可视化血糖趋势图谱、健康目标与干预计划。通过"服务"板块，用户还可以获取一对一在线指导、三甲医师知识分享等免费服务。同时，也可以通过"社区"板块与其他用户交流互动，如图 6-7 所示。通过居家健康监测，用户可以将疾病从治疗前置到预防，减轻家庭与国家医疗负担。

该品牌家庭健康云平台旨在打造国内顶级慢性病管理健康云平台，着眼于大病种，从糖尿病管理开始，逐渐向高血压、呼吸系统疾病等其他慢性病拓展。相比于传统的居家慢病管理，通过"互联网+"探索慢性病健康管理服务的新模式。该品牌家庭健康云平台具备远程管理、实时传输、

图 6-7　"××血糖管家"小程序

不受时空条件制约等优势，减轻了医师的诊治压力，大大强化了患者自我管理和应对风险的能力。

第三节　智慧医疗

一、陪诊服务平台

随着信息技术的发展，医院设备逐渐智能化，分科越来越细，加上老年人子女日常陪护精力有限，老年人定期体检、就医等活动极度受限，陪诊服务越来越受到大众的认可，陪诊人员可以代替子女照顾老年人就医，既便捷又安全。陪诊服务不仅缓解了老年人的就医焦虑，还减轻了家庭养老的压力。如图 6-8 所示，某陪诊服务平台专门为有需求的人提供陪诊、代办等服务。陪诊师一对一对接患者的需求，有助于患者节省看病时间、改善就医体验。特别是对于空巢或身体机能较差的老年人来说，这种陪诊服务在帮助其减少跑腿问询之苦的同时，也能送去一定的心理慰藉。

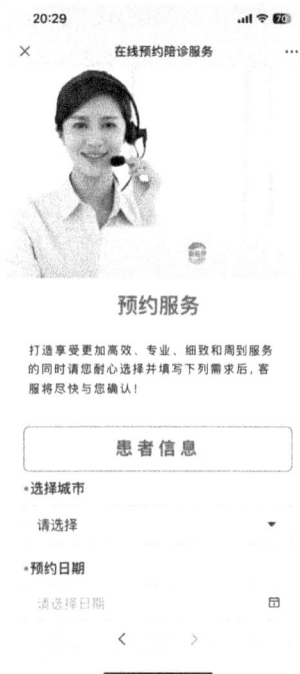

图6-8　某陪诊服务平台公众号预约服务

　　一位居住在上海市某区的老年人，因为儿子在外地上班无法陪诊，便在陪诊服务平台公众号预约下单了门诊陪诊服务。预约成功后，陪诊师会在去医院前了解该医院的就医流程，并且会提前告知用户需要带的物品，陪诊时会提前10分钟抵达就医医院门口。陪诊师会陪伴老人完成整个就医流程，包括挂号、取号、排队等待、就诊、取药等。陪诊师陪同老人到挂号处预约急诊号，然后再取号，到急诊的分诊台前刷码排队等着输液，在候诊期间陪诊师会和老人进行交谈，减轻老人的孤独感。在急诊室的输液室里医生询问老人病情，为老人量体温然后进行输液，以及给老人开药。陪诊师会把医嘱和注意事项记下来，再协助老人完成缴费，然后帮老人到药房排队拿药，最后把老人安全地送至回家的车上，和老人礼貌告别，用微信把医嘱和注意事项以及分析结果发给老人及其儿子。结束就诊后,陪诊师还会提供暖心的诊后关怀。这样一套完整的陪诊服务才算完满结束。整套服务流程既安全便捷又节省时间,让老年人不再感到孤独,也不用担心就医时遇到特殊或紧急情况不知所措,改善了老年人的就医体验,缓解了家庭的压力。

陪诊服务主要为老年人提供医院门诊、入院日、住院期间特殊检查、住院期间手术日、出院日等全系列白天陪诊服务。代办业务包含代问诊、代取报告单、代配药、代办医疗门诊及住院报销手续等专业服务,甚至在部分地区还提供居家上门助浴服务等。陪诊服务平台比许多个人兼职的陪诊师更加专业可靠,避免服务不周的情况,让患者的就医体验更加轻松、有保障。专业的陪诊师可以尽量避免各种意外的发生,他们会给予患者专业的就医指导。陪诊平台提供的服务是全流程的,从就诊前、就诊时到就诊后,该平台都会对患者的病情进行持续跟踪,给患者最全面安心的服务。

二、智慧中医"检诊疗评管"自动服务系统

随着中医现代化、产业化的发展,中医的热度持续提升,深受老年人的喜爱。北京某智能健康科技公司自主研发了一款智慧中医"检诊疗评管"自动服务系统,又称"鹰眼系统",如图6-9所示。该系统主打智慧中医诊疗服务,将可视化、数字化、智能化集于一体,通过红外热图将传统中医的"望闻问切"的诊断方式直观展现,为后续临床决策诊断提供辅助。

该系统覆盖了从检测、诊断、开方到调理、追踪、指导在内的多个环节,为老年人打造一站式服务。该系统基于人体生命热力学理论,采用红外热成像技术,融合中医红外领域顶级专家的经验构建大数据系统模型,可灵敏捕捉头面部寒热状态信息,输出中医九种体质倾向提示、健康风险

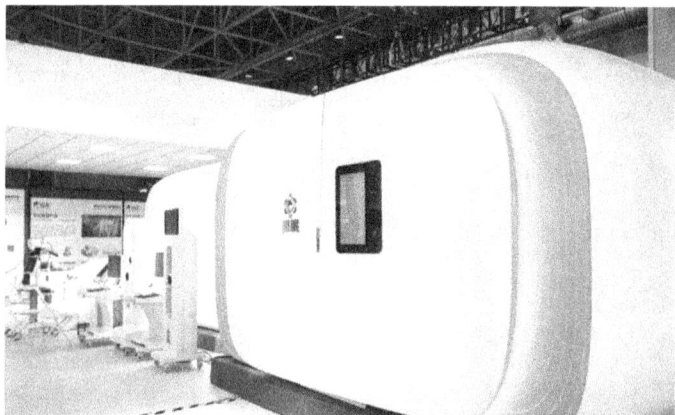

图 6-9　智慧中医 "检诊疗评管" 自动服务系统

预警、五脏平衡状态、压力指数、心理健康状态、眼疲劳状态、睡眠异常分析、健康总评分等，并通过可视化技术直观展现扁鹊 "望闻问切" 的能力。该系统为老年人提供了疾病筛查服务，为中风、心脑血管、呼吸系统等疾病的病后调理效果评估提供依据，让老年人享受到精准的医疗服务，大大提升和改善了老年人的就医效率和体验，且较西医有更安全、便捷、无辐射的优势。

医养结合是国家大力提倡和促进的养老模式，而中医药在这方面具有独特的优势。智慧中医一直致力于赋能社区养老，并与社区一起探索新的合作模式。该智慧中医平台面向政府提供了针对不同场景的健康管理解决方案，吸引了各类养老社区合作，共同为老年人提供更智慧化的体检和诊疗服务。

三、家庭医生服务

我国居家高龄、空巢、重病、失能和半失能的老年人越来越多，面向家庭的上门医疗服务成为新趋势。北京市多个社区卫生服务中心开展为居家老人上门服务，积极引导居家老年人与社区卫生服务团队签约，鼓励社区医生为重病、失能、部分失能等行动不便或有困难的老年人提供上门巡诊、家庭病床、居家康复护理等服务。

疫情期间，为有效应对新形势，北京某区 9 家社区卫生服务中心、336 支家庭医生团队组建"守门人"，全力保障社区居民的身体健康。全区各社区卫生服务中心发热门诊或诊室针对发热等 11 类症状人员做到"应接尽接"。同时开通咨询热线和家医团队咨询电话，及时解答群众关心的问题。为老年人提供家门口的就医服务，免去了到二三级医疗机构就医的烦琐流程。同时，为紧急病症患者开设了绿色通道，及时提供相关药物，老年人或其家属还可以通过家庭医生健康通、微信群、应用程序等多种形式问诊寻药，分时段预约问诊。为方便患者就近治疗和转诊，在全区范围实行网格化管理，并且开展医联体内专家"线上+线下"远程指导，充分发挥北京协和医院、北京中医医院、北京同仁堂互联网医院的线上诊疗优势，形成线上与线下诊疗相结合的模式。

石景山区某街道社区卫生服务中心家庭医生引入了中医团队，通过中西医结合的方式为居民提供健康管理服务。家庭医生会仔细询问老年人的身体状况、既往病史和日常用药等情况，通过生命健康管理预警手环对老年人的健康状况进行实时监测。家庭医生每次上门都会结合中医四诊合参的特点，通过号脉、看舌诊等方式帮助老年人解答问题，还会教大家一些按摩穴位的方法，以此来缓解平时身体常见的不适，并从预防、治疗、饮食起居、运动等方面给予详细指导。

北京市各辖区内的家庭医生有效满足了辖区内不同类型老年人的养老问诊需求，既减轻了患者的经济负担和家庭照顾负担，又提高了社区康复的技能水平，真正实现了医院式康护与居家式康护相结合。

小　结

本章收集全球范围内康养与康护场景下的智慧养老服务案例，分别从身体机能康护、健康管理、智慧医疗三个方面阐述。在身体机能康护方面，智慧养老服务可以通过人工智能、智能机器人、自适应算法等技术帮助老年人解决康复难题，缓解家庭养老困难。在健康管理方面，智慧养老服务通过数字载体（如智能助听器、智能袜）、数字技术和物联网技术，实时监测病人的健康状况，并提供个性化的管理方案。在智慧医疗方面，智慧养老服务通过人工智能技术为老年人建立线上线下整体医疗服务系统，大大提升和改善了老年人的就医效率和体验，减轻了家庭与国家的医疗负担。

通过这些智慧养老服务案例的实施，可以让老年人的康养和康护需求得到常态化的满足与管理，有效保障了老年人在足不出户情况下最大限度地享受居家医疗服务。未来，智慧养老服务还可以进一步发展，结合人工智能和大数据等技术，提供个性化的身体机能康护、健康管理和智慧医疗方案。智慧养老服务还可以与医疗机构进行联动，实现更精准、更系统的医疗服务。

综上所述，智慧养老服务在康养与康护场景下的应用，为老年人提供了更智慧、更全面的保障。老年人在康养和康护各场景下都面临着不同程度的挑战，只有重视老年人的需求，加强各部门的联动，走进社区、走进老年人家庭，才能及时有效地照护到老年人的身体状况，提高他们的生活品质。

第七章

智慧养老服务场景案例
——安全监控与紧急救助

随着老龄化程度的不断加深和独居老年人数量的不断增多，我国独居老人养老风险问题日渐突出。由于子女工作繁忙、与子女分开居住等原因，空巢老人和患有重大疾病的独居老年人很难得到持续的监护和照料，独居老年人需要更多的安全保障和紧急救助支持。比如独居老年人可能无法及时发现和应对家中的危险情况，如火灾、燃气泄漏等，这给他们的生命安全带来了潜在的威胁。同时，老年人的身体机能相对较弱，一旦有突发情况，如心脏病发作、跌倒等，往往面临着求助困难、被发现不及时、救助时间滞后等问题。而由于距离医院较远、紧急求助机制不完善等原因，很多独居老年人在紧急情况下往往难以得到迅速且专业的救助和支持，导致他们的生命安全受到威胁。

近年来，智慧养老服务正在加速布局，人工智能成为守护独居老年人安全的方案之一，各种有针对性的智能设备相继问世。这些智能设备突破了传统养老服务的时空界限，满足了独居老年人的生活服务需求和紧急救助需求，可直接、快速地将求助信息等传递给其家人、社区工作者及相关平台，为老年人的安全保驾护航。

老年人尤其是高龄或者半自理老年人的监控和紧急呼叫系统至关重要，它不仅能够更好地保障老年人的安全，也能帮助老年人生活更加独立，不必时刻依赖他人，甚至有人将其称为"老人生命的最后一道锁"。目前，在全球，面向老年人的监控和紧急呼叫服务是一大热点，由此诞生了许多解决方案。本章将从老年人安全监控与紧急救助的场景出发，通过居家安全监控、个人安全监控和紧急救助三个方面的设计案例，探讨应用于老年人的安全监控与紧急救助的智慧养老设计。

第一节　居家安全监控

　　随着年龄的增长，老年人的身体机能逐渐衰退，容易出现突发状况或意外伤害。居家安全监控产品和服务可以通过红外监测、无感监测、生命体征监测等多种途径及时预防和发现潜在的危险情况，以保障老年人的安全和健康。同时，居家安全监控产品和服务还可以通过健康监测功能提供老年人的健康状况数据，帮助亲属或医护人员及时发现异常情况并提供相应的治疗和护理。

一、非接触式跌倒和健康监测设备

　　跌倒是导致老年人生活质量断崖式下降的危险之一，防跌倒监控是独居老人健康预警的重要手段之一。以色列一家科技公司于2021年推出了一款非接触式跌倒和健康监测设备，基于世界先进的4D射频点云成像传感技术。它不是摄像头，也不是穿戴设备，而是使用无线射频传感器和算法技术，获取人体的例如行走动态数据，当出现突然的高度降低情况时，预示着可能的摔倒风险。该技术不仅能提供全面的健康监测，更能保护老人的隐私，实现真正意义上的"隐形全时主动守护"。该设备可以实时追踪老年用户的呼吸和运动，因此，老年用户和照顾者可以更容易地掌握其健康状况，并及时采取必要的措施。

　　如图7-1所示，该设备通过高分辨率4D射频点云实时成像来实现对于人体跌倒姿态的准确识别和判断，还采用了跌倒预警、确认、报警的三步检测算法，可进一步提升跌倒识别的准确度。而该设备只需安装在房间墙壁或天花板上，即可进行7×24小时不间断监测。通过其传感技术，在保护用户隐私的前提下，达到实时跌倒主动报警和活动行为监测的目的。

该设备还可通过获取大量的用户行为数据，全面了解用户的健康需求，从而制订个性化、精细化的健康照护计划。不管是快速的跌倒、缓慢的跌倒或从床上摔落的跌倒，还是仰面、侧身或趴着等不同姿态的跌倒，该设备都可实时监测发出警报，自动通知服务人员或紧急联络人，成为独居老人生命安全的"最后一道防线"。

图 7-1　某款非接触式跌倒和健康监测设备的 4D 射频成像技术原理

如图 7-2 所示，该设备可在各种灯光环境下工作，无论是完全漆黑还是雾气缭绕等情况都可进行监测和分析，因此也非常适合浴室等个人私密场所。其支持自定义区域的人体存在监测，让照护者无须进入房间，就能够掌握每位老年人的生活规律，及时发现异常行为和潜在的健康问题。例如通过夜晚外出和回房的时间、卫生间使用频率和时长等数据了解到老年人夜间频繁起夜的情况，及时采取适当的提前介入措施。此外，该设备还兼容人工智能助手设备长者照护订阅服务。当设备检测到用户跌倒时，便立即发送信号，询问是否要拨打紧急求助热线。该设备为中国、美国、澳大利亚等国家的老年社区提供实时跌倒监测等服务。

该设备入选亚洲金选奖（EE Awards Asia）榜单，该公司斩获了"最具潜力企业"奖。2022 年，在以"科技赋能养老，智慧引领未来"为主题的老博会上，该产品以其先进的跌倒监测技术，荣获"优秀智慧养老品

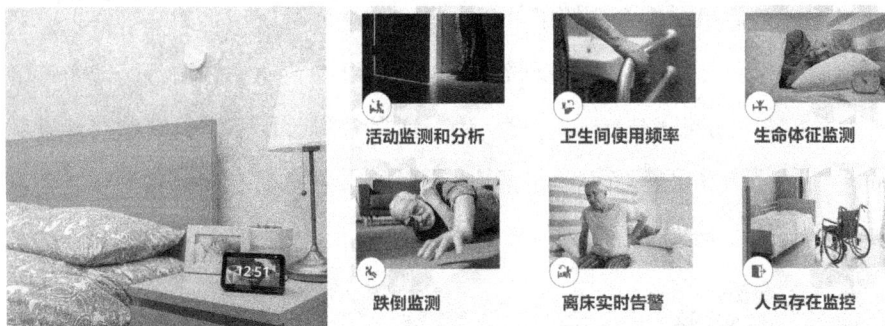

图 7-2　防跌倒设备的功能应用场景

牌"称号。作为 4D 射频成像传感器的技术先驱，该设备可以在保护隐私的前提下，采集重要的生命数据，为智能家居、长者照护、智能安防等领域提供解决方案，助力构建一个更加智能、安全、和谐的社会。

二、智能家居传感器和个人报警器系统

2021 年某公司推出了一款智能家居传感器和个人报警器系统。如图 7-3 所示，该系统一共包括五个运动和室温传感器，用于监测家居中的运动和温度变化。其中，两个门传感器可以监测家门口和家中门的开关状态，一个冰箱传感器用于监测冰箱内食物的安全情况，两个智能插头控制家电的开关。整套系统旨在强调对个人家庭安全和家居智能化的关注。

这些传感器主要监测家中的活动，并与强大的人工智能相连接，方便家庭使用。首先，智能家居传感器可以发送警报，当老年人进浴室长时间没动静、室温过热或过冷、晨起时间老年人没有任何动静等情况出现时，传感器会向紧急救助小组发出警报。其次，该设备能进行家居监控，了解并跟踪老年人的日常生活。当照顾者不能时刻陪伴在老年人身边时，可以远程查看老年人的日常情况，以便照顾者洞察老年人健康状况并及时采取行动。该系统还配备了老年人可佩戴的个人报警器，不论在白天还是黑夜，当老年人遇到跌倒、身体不适等突发情况时，只需按下穿戴设备按钮

图 7-3　智能家居传感器和个人报警器系统

便可以发送求助信号给紧急救援团队，并且能在 30 秒内响应警报，使其在 24 小时内通过居家个人报警器获得帮助。此外，该设备可以预约免费上门演示，也可以通过远程护理顾问向老年人展示传感器和个人报警设备使用方法。

目前，该服务已帮助 17 万人保障居家安全。例如，国外一位高龄母亲住在离子女 900 多千米远的地方，他们使用该设备已经一年多了，子女每天早上都会查看家庭应用程序，了解母亲的夜晚状况，并确保她已经起床开始日常生活。总体而言，通过这款智能家居系统，老年人能够在家中享受智能化养老的便利和安全保障，居家养老生活更加舒适和安心。

三、智能门铃

某智能家居公司于 2018 年推出了智能门铃摄像头，并在 2022 年推出了第二代产品。如图 7-4 所示，第二代门铃不仅支持 7×24 小时的录制容量，还可与应用程序配合使用。该门铃使用无线网络连接，老年人通过手机应用程序即可实时查看门口的监控视频，以远距离的方式与来访者进行双向通话，保证居家安全。

图 7-4　某公司推出的智能门铃

这款门铃是带有广角摄像头的智能门铃,除了能实时监控白天家庭门口情况,在黄昏之后也可捕捉高清晰度 HDR 视频,并带有夜视功能。该门铃主要有家庭安全监控、用户访客双向沟通对话和智能提醒三个主要功能。门铃可以实时监控家门口情况,老年人通过应用程序查看门口实时画面。当门口出现突发情况时,它可以通过摄像头向用户手机或其他设备发送警报,帮助老年人及时发现异常情况,保障他们的居家安全。门铃内还设置了扬声器,具备双向语音通话功能,允许老年用户在不开门情况下与门外访客进行交谈。老年人可以与快递员等访客远距离沟通,一定程度上避免了打开门面对陌生人的风险。

同时,产品还配备了人体感应和智能识别功能,可以识别来访者的身份,并记录他们的行为,给老年人提供更多的访客信息,方便其更快地辨认不同访客(例如区分快递员、维修工、外卖员等)。当老年人行动不便而需要花大量时间行走时,还可以选择让门铃说简短的句子与门外访客进行沟通,例如"马上就到""你把包裹放下就可以了,谢谢"等,极大地减少了老年人与访客沟通的障碍,方便了他们的日常生活。此外,应用程序上有一个名为"视线"的独立功能,能把最近 3 小时内的所有可疑镜头拼接起来,包括不寻常举动的人或奇怪的声响(比如附近的狗吠),这项安全功能可以让人不开门就看清人脸，避免了开门可能带来的危险。

对老年人而言，该智能门铃可以为家庭提供安全和方便，特别是当他们独居并且身体各项机能逐年衰退的情况下，智能门铃的实时监控功能可以帮助老年人更好地了解家门口的状况，预防潜在的安全风险，增强安全感和舒适感。该智能门铃已在欧美等一些国家上市，在市场上获得了广泛的好评和认可。用户一致赞扬该产品提供了高质量的视频和音频监控功能，为家庭安全提供了极大的帮助和便利。

第二节　个人安全监控

空巢老年人在很多场景下会面临一些紧急突发状况，如因封闭空间内无人知晓和个人行动不便而导致错过紧急救助的最佳时机。个人安全监控产品例如可穿戴设备不仅可以实时监测老年人的身体状况和位置信息，而且当发生紧急情况时，还可以及时呼叫救护人员或通知亲友，从而保证老年人的生命安全和健康，降低不幸事件的发生率。

一、阿尔茨海默病安全监测智能袜

由美国华裔青年于 2014 年设计的安全漫游智能袜，旨在帮助阿尔茨海默病患者解决夜间漫游带来的安全隐患。阿尔茨海默病是认知障碍一种主要表现类型，该病患者在认知障碍患者中约占 60% 到 80%。该病通常表现为健忘、认知能力下降等。除了上述症状，还有一种高出现率的症状也为阿尔茨海默病患者的监护带来极大的难度——到处乱走。根据美国的权威组织阿尔茨海默病协会公布的数据，每 100 名患者中就有 65 名表现出到处乱走这一症状。

如图 7-5（上）所示，该智能袜子内置有传感器，可以监测阿尔茨海默病患者的体位变化。当老年患者起床时，脚部安装的压力传感器将探测这种压力变化并通过无线传输发送给接收器，在接收到信号以后接收器立马发出警报。当老年人夜间下床时，监护人员就会立马收到手机通知，如图7-5（下）所示。

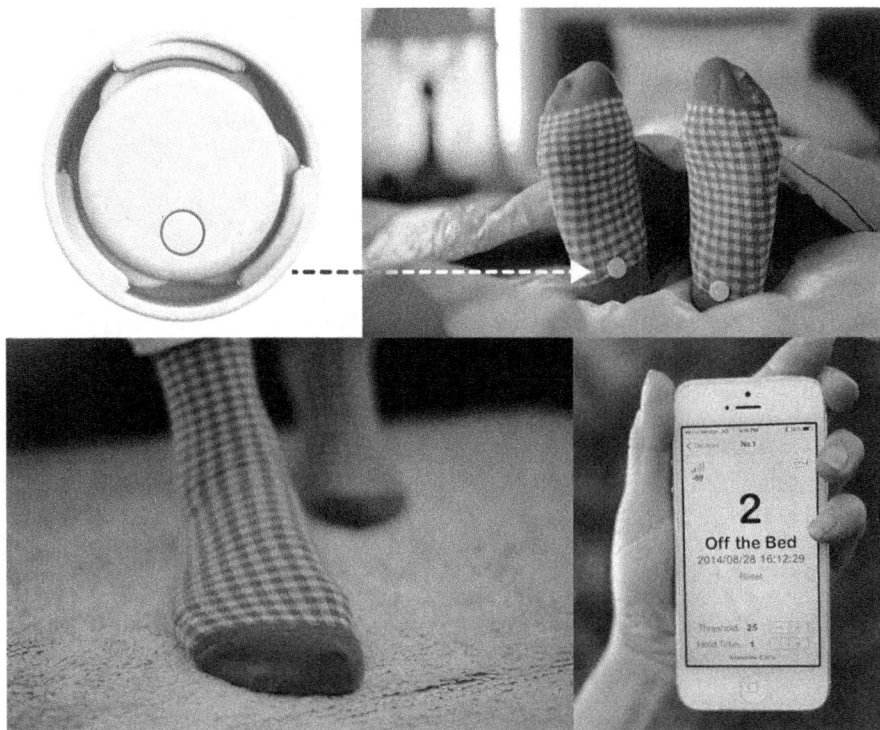

图7-5　智能袜及其传感器（上）与连接手机提醒（下）

该智能袜经历了多次更迭，在第三代产品中启用新的传感器，即角度传感器，并在产品中加入了信号接收和发射装置。与前两代产品中的传感器不同，新的传感器不再是通过探测患者下床落地时的脚部压力变化来判断患者的起床意图，而是通过探测患者起床时从平躺状态变为坐卧状态这一角度变化来判断患者是否从床上坐立起身。并且新的传感器只有普通硬币大小，可被固定在任何贴身衣服上，包括袜子、内裤、睡衣等。

该创新设计在 2014 年获得了福布斯科技奖等。该产品在经过一年多的产品改良和测试后，于 2016 年 11 月上市。首批顾客中不仅有个人还有多家服务机构，包括康复中心、养老院等。这些顾客反馈表示，第三代智能袜的监测效果非常好，大大降低了阿尔茨海默病患者走失的概率。

此款智能袜使阿尔茨海默病患者的家人、监护人员能够更快知晓患者的起床意图，帮助监护人员及时发现患者因疾病导致的出走行为，而且在患者正常起床时，便于照护者及时辅助起床，防止患者因身体虚弱等原因造成晕倒、跌落等情况发生。

二、地面传感器

某国外智能护理公司设计了一款地面传感器。地面传感器采用专为老年人监护研发的技术，旨在为老年人提供安全和保护。如图 7-6 所示，传感器外观是一块放置在地面上的垫子，并且与智能警报器结合使用，可以检测到步行或静止的人的存在。它通过无线技术将信息传输给接收器，检测老年人是否离开了床位或走出了房间，通过感知老年人的体重分布和姿势变化来判断是否发生摔倒等情况，一旦检测到摔倒，就会触发警报系统发出警报，以便及时采取必要措施。老年人可能不会意识到警报已发出，但可以让家人或护理人员远程监测老年人的活动情况，从而得到紧急救助。

地面传感器的主要功能特点有即时警报、无绳地垫实时监控、消除室内噪声和轻松安装使用。即时警报是指一旦发现老年人离开床或离开房间等异常情况，可以立即触发警报，通知看护人员。实时监测是通过对体重变化和移动检测，及时掌握老年人的活动情况。传感器可以放在床边或门口，当住户下床或试图离开房间并对其施加压力时，传感器便会向监控器发送信号，提醒照护人员。消除室内噪声是指监控器可以安装在远离床的位置，从而消除房间内的警报噪声，减少缠绕和绊倒危险。可调节的音量

图 7-6　地面传感器和智能警报器

和轻柔的警报声不会惊吓到住户，能更安静地预防跌倒。此外，地面传感器具有易安装和使用的特点。它可以适用于各种房间和地面，包括木地板和瓷砖等。同时，经济型无绳出口报警器使用简单，可与所有无绳传感器、护士呼叫按钮和运动传感器配合使用。监控器重量轻，可与多达六个无线组件配对，作为便携式护理警报器使用。

　　该地面传感器在美国和其他一些国家或地区得到了广泛的使用和推广。在美国，地面传感器被广泛应用于家庭、养老院和护理机构中，帮助照护者及时监测老年人的活动情况，保障他们的安全和健康。除了美国，地面传感器也在加拿大和欧洲等地区得到了推广和应用。这些地方也面临着老龄化人口增加的挑战，该传感器成为解决老年人监护问题的重要工具。地面传感器通过结合无线技术和智能警报功能，为老年人的监护提供了更加安全和方便的解决方案。其高灵敏度、多功能性以及丰富的应用案例使其在行业内具备了一定的示范性效应和影响力。

三、健康监测传感器

　　健康监测传感器是某医疗集团保健平台的一部分，其目的是持续实时监测老年人的生命体征。如图 7-7 所示，该设备通过可自由调节的粗绳带佩戴在手臂上，方便佩戴和脱下且日常不会影响老年人双手的使用。同时，该设备配备相应的应用程序，老年用户可以在应用程序上查看自己的身体监测信息。当数据出现异常时，应用程序发出警报，提醒老年人规避身体风险，及时就医。

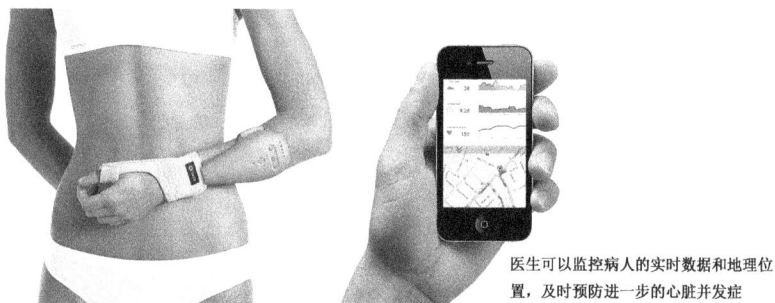

医生可以监控病人的实时数据和地理位置，及时预防进一步的心脏并发症

图 7-7　某品牌健康监测传感器和其移动应用程序

该健康监测传感器相较于同类产品，精确度更高，利用光学和热传感器分析病人的重要信号，包括心率、体温、血压等生命体征信号，并将这些信号发送至医疗保健平台。通过相应的应用程序，医生可以实时获取病人的生命体征和位置信息，及时防止病情进一步加重及出现并发症。此外，该设备方便老年人随身携带，老年患者可以在家中进行监测，无须频繁到医院进行检查，极大地减轻了老年人就医排队的负担，让身体监测简单化、日常化。

该健康监测传感器获得了 2015 年意大利 A' Design Award & Competition 的铜奖，并且在老年社区、医疗机构和养老院等场所进行推广和应用。总之，该设备通过实时监测老年人的生命体征和位置信息，便于医护和家属及时发现异常情况，并采取相应措施进行干预和治疗，为他们的健康管理提供了一种方便有效的解决方案和及时的保护。

第三节　紧急救助

老年人身体功能逐渐衰退，容易出现意外伤害的情况，如跌倒、突发疾病等。在这些情况下，老年人可能需要及时的救援和帮助，以保证他们的安全和健康。紧急救助产品可以通过智能传感器、紧急呼叫器等方式帮助老年人及时发出求助信号，并提供紧急救援和医疗服务，以确保他们能够尽快得到应急帮助。这样不仅可以增强老年人的安全感和提高其生活质量，而且也为他们的家庭成员提供了一种安心的保障。

一、GPS 报警项链

某公司于 2020 年推出了一款具备全球定位系统（GPS）的报警可穿戴项链。如图 7-8 所示，该产品外形轻便简约，还配有低过敏性链条和分叉环，可以作为吊坠佩戴在脖子上、固定在皮带上或挂在钥匙圈上。类似水滴的形状让产品更具时尚感，它既可在家中使用，也可携带外出，让老年人更愿意佩戴使用。

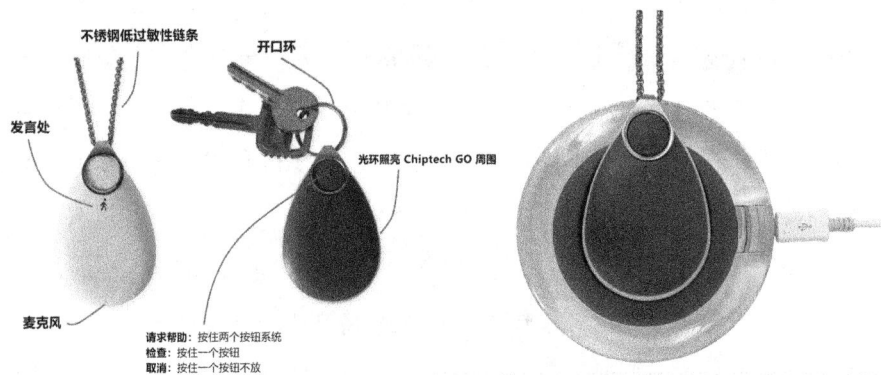

图 7-8　GPS 报警项链

在紧急情况下，用户只需同时按住产品上的两个按钮，系统便会启动一个简短的警报序列并闪烁红灯，将用户的 GPS 坐标发送到地图软件，以便警报接收中心能准确接收到用户当前的位置信息，只需几秒，医护人员就可以通过内置的高级免提电话直接与用户交谈。该产品具有自动跌倒检测系统，当检测到有人跌落，并发生重大撞击时，即使用户无法按下设备按钮，其也会发出警报信号。如图 7-8 所示，该设备使用有线充电功能，安全易操作，且具有长达一个月的电池寿命。该项链还可以与产品系统基站配对使用，如果项链在基站范围内发出警报，它就会发送给基站以便快速找到用户。操作员可通过该项链内置的免提电话与用户通话，万一电话无法联系，基站将接管并尝试发送求救警报。

该公司在英国和新西兰设有办事处，其产品现已成为数字监控个人报警器的领先产品。许多用户表示，该产品能够帮助他们在紧急情况下及时获得帮助，让他们感到更加安全和放心。该 GPS 报警项链作为一款针对老年人的报警系统，为老年人提供了全方位的安全保障。

二、智能应急手表

来自德国柏林的一家医疗保健初创公司通过一款硬件智能应急手表与软件应用程序为老年人提供紧急呼叫服务，如图 7-9 所示。老年人佩戴手表后，只需按一下手表上的按钮即可触发紧急呼叫，通过手表直接与紧急呼叫中心通话并接受帮助。不仅如此，相比传统紧急呼叫系统大多是红色或者有着"SOS"等明显救援标志的外形，该智能手表看起来更加时尚、有设计感，能够减轻老年人使用这类产品的心理负担。

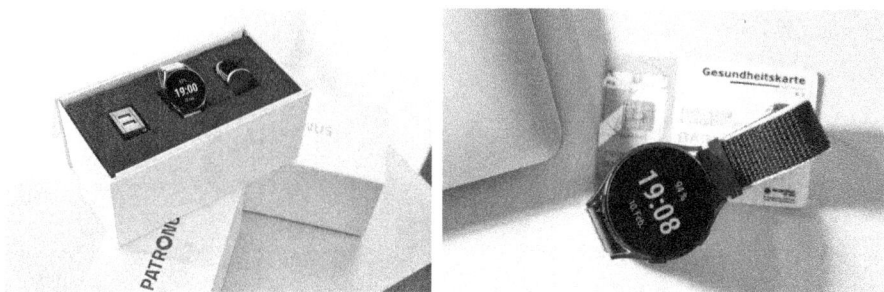

图 7-9　某品牌可穿戴应急手表及产品包装

智能应急手表的操作步骤主要有拨打紧急电话、连接专业人员、获取帮助、通知亲属四步。当老年人感觉不舒服、跌倒、突然疼痛或遇到其他健康问题时，双击该手表即可拨打紧急电话。当老人按下紧急呼叫按钮，会直接连接到内部紧急呼叫中心。之后，受过医学培训的专业人员将与老年人交谈，评估情况并立即采取必要措施。如果老年人需要帮助，专业人员将立即通过最短路线向最近的救援服务部门发出警报，同时通知老人的紧急联系人。而应用程序则由老人的亲人下载在手机上，方便随时了解老人是否拨打过紧急呼叫电话、查看老人的大致位置、确认老人是否佩戴手表、显示手表电池状态、检查手表的联网情况等。

尽管产品功能相对简单，但其把重心放在了后端呼叫和救援服务质量上。该产品紧急呼叫中心提供 7×24 小时的服务，能够随时响应老年人的需求。同时，由于产品是手表形态，可随身佩戴，且能够防水，便于老人在居家或者外出等不同场景下使用。紧急情况的最大问题是不知道会发生在何时何地，因此，能够始终联系到人是最关键的，这也是该手表最大的优势。

自 2021 年初以来，该产品发展迅速，据称已经是德国最受欢迎的紧急呼叫系统。其官网公布的资料显示，短短两年时间该产品的用户触发紧急呼叫次数达 6172 次，获得医疗帮助 3924 次，让 9785 位老人亲属放心。官网还显示了用户对其产品的评分，共有 369 位用户评论，产品评分达 4.6 分，满分 5 分。

当然，该智能手表也有一些不足。从用户评论来看，产品的续航仍然存在一定问题。另外，也存在呼叫按钮太小、响应不够及时等情况。这款应急手表作为老年人的紧急救助工具只是一个开始，未来将为老年人提供更贴心及时的医疗保健服务。

三、辅听耳机

如图 7-10 所示，这是一款 2021 年为老年人设计的无线耳机。耳机的外形美观时尚，可以悬挂在脖子上也可以夹在口袋边，不会引起别人的注意，减少老年人佩戴时的心理障碍。该耳机内置音频处理芯片，老年人可根据个人的听力情况进行耳机参数调节，找到适合于自己听感习惯的声音，从而拥有更清晰、更舒适的音质。

图 7-10　辅听耳机功能及使用方式

同时，耳机还配备了蓝牙定位服务和广角镜头设计的充电舱，用户可以通过手机应用程序与耳机进行连接，实时查看老年人的具体位置信息，遇到紧急情况时可以及时采取相应措施。除了辅助听力和定位服务，该产品还具备紧急求救功能。如图 7-10 所示，无线耳机上配备了一个紧急按键，当老年人突发紧急状况时，只需轻按侧边按键，即可给亲人朋友发送求救信号，在遇到困难或紧急情况时为老年人提供帮助。这些功能可以让使用者及时获得救助，降低意外发生时的风险。

该产品在 2021 年获得 iF 设计奖。虽然该产品是一个相对新颖的概念产品，但已经获得了广泛的好评。该产品在某些社区和老年关爱中心进行试点推广，取得了良好的反响。

这款时尚无线耳机具备辅听功能、实时定位服务和紧急求救等功能。

其全方位保障和紧急响应能力为老年人提供了更好的听力辅助和安全保障，也提升了他们的生活质量。

小 结

本章收集全球范围内的基于安全监控与紧急救助场景下的智慧养老服务案例，分别从居家安全监控、个人安全监控和紧急救助三个方面入手。在居家安全监控方面，智慧养老服务可以通过安装智能监控传感器和门禁系统等设备，实时监测老年人在家中的安全状况。当监测到异常情况时，系统可以自动发出警报通知家人或相关机构，及时采取救助措施。在个人安全监控方面，智慧养老服务通过智能手表和智能袜等可穿戴设备，实现对老年人个体行为的监测。在紧急救助方面，智慧养老服务可以通过老年人急救呼叫器、智能地垫和智能设备等实现紧急情况下的及时救助功能。当老年人遇到突发疾病或意外伤害时，他们可以通过急救呼叫器发送求救信号；智能地垫可以监测老年人的身体活动；智能设备则可以自动触发紧急救助流程，包括报警、通知医护人员和家人等。

智慧养老服务可以大幅提升对老年人的安全监控和紧急救援能力，有效保障了老年人的生活安全和紧急救助需求。未来，智慧养老服务还可以进一步发展，结合人工智能和大数据等技术，提供个性化的安全监控和紧急救助方案。通过对老年人行为模式的学习和分析，系统可以预测和预警可能发生的紧急情况，并提前采取相应的措施。同时，智慧养老服务还可以与医疗机构和救援中心等进行联动，实现更快速、更精准的救援响应。此外，智能设备的便携性和互联性也是智慧养老服务的发展趋势。老年人可以随身携带智能手表或手机等设备，实时监测身体状况并进行紧急呼叫。把握和理解认知障碍老年人日常生活的重要场景，也是研发老龄科技产品和实践智慧养老的关键。智慧化赋能养老行业不仅可以使老年人享受到智能化社会带来的便利，还可以不断促进养老行业的革新，从而完成服务升级，为老年人群提供更高品质的服务，以此形成良性循环。

总体而言，智慧养老服务在安全监控与紧急救助场景下的应用，为老年人提供了更全面、更及时的保障。通过技术的不断创新和进步，智慧养老服务将继续为老年人带来更多的便利和安全。

第八章

智慧养老服务场景案例

——精神慰藉

随着人口老龄化程度加深、社会转型进程加快，我国老年群体的孤独感水平呈逐渐上升趋势。随着快速城市化进程带来的代际空间分离，家庭养老功能逐渐弱化，出现了大量独居和空巢老人。根据 2022 年民政部举行的第四季度例行发布会的数据，我国老年人口中空巢老人占比目前已超过一半，部分大城市和农村地区空巢老年人比例甚至超 70%。对于独居和空巢老人而言，情感孤独、社交孤独和自我排斥等心理问题尤为严重。

研究表明，孤独对老年人的身心健康有极大不良影响，不仅会增大老年人抑郁、焦虑等精神疾病的患病概率，降低老年人的幸福感，同时也会增大老年人罹患高血压等疾病的概率，并与老年人的死亡率和自杀率息息相关。随着国民经济水平的提升和社会保障体系的逐步完善，在满足经济保障和生活照料的"老有所养"基础之上，如何实现以"老有所乐"为目标的精神慰藉，具有现实迫切性。

"精神慰藉"的概念缘起于"精神赡养"，意在强调子代在传统的物质供养之外还应对老年人进行精神上的反馈。研究认为，老年人的精神需求大致可以分为精神文化生活需要和情感交流需要，前者是老年人与社会的交往，后者是老年人与家庭的交往。此外，老年人精神需求呈现"差序格局"，在感情需求、交往需求之外，还包含娱乐需求等方面。

本章将从老年人精神慰藉的场景出发，通过情感陪护、社交互动和休闲娱乐三个方面的设计案例，展现智慧养老服务如何满足老年人的精神需求。

第一节　情感陪护

智能机器人等人工智能技术产品可以提供亲近感和陪伴感，让老年人感受到被关心和被照顾。2021年"两会"期间，全国政协委员、百度董事长兼首席执行官李彦宏的提案《加快推动智慧养老进社区，用科技让老年人的生活更简单更幸福》引起各方关注。

人工智能技术的发展与成熟不仅填补了老龄化社会劳动力不足的缺口，还促使养老服务由人工密集型转向数字化智能化，人工智能技术作为一个可靠的帮手，将为智慧养老服务的发展提供全新的解决方案，帮助老年人减轻心理压力和孤独感。

一、智能语音助手

智能语音助手采用人工智能技术，通过语音识别和自然语言理解，与用户进行对话并执行各种指令，因其操作方式的简便性逐渐受到老年人的喜爱。某公司利用MBTI人格理论为智能语音助手定义产品人格，赋予其生动的人格形象，通过对其语音声调的设计可以让老年用户感知到智能产品的生命感，使其可以更和谐地融入老年用户的生活环境。

该智能语音助手的使用十分简单，用户只需呼叫其名称或者其他自定义的唤醒词唤醒设备，然后与它进行自然对话即可。用户可以提出各种问题、命令或者交流需求，智能语音助手会根据用户的指令和需求作出相应的反馈和执行相应的操作。如图8-1所示，智能语音助手可以作为老年人的"朋友"和陪伴者，因为老年人渴望被关注，需要经常倾诉、聊天和被陪伴，所以通过智能语音助手，可以缓解老年人的孤独感和焦虑感，使其得到心理上的安慰和寄托。此外，该智能语音助手基于人工智能和多模态技术实现了多维情景感知，针对老年人开发了专门的老年人模式，以便他们更方便地使用。智能语音助手的老年模式专门根据老年人的需求和行为习惯为老年用户提供更加个性化、精细化的功能与服务，例如，老年人普遍喜爱的戏曲节目和新闻播报等服务，生活所需的健康医疗与天气预报等服务。其不足在于它的智能化程度有限，需要在不断"驯化"的过程中提升其理解与表达能力。

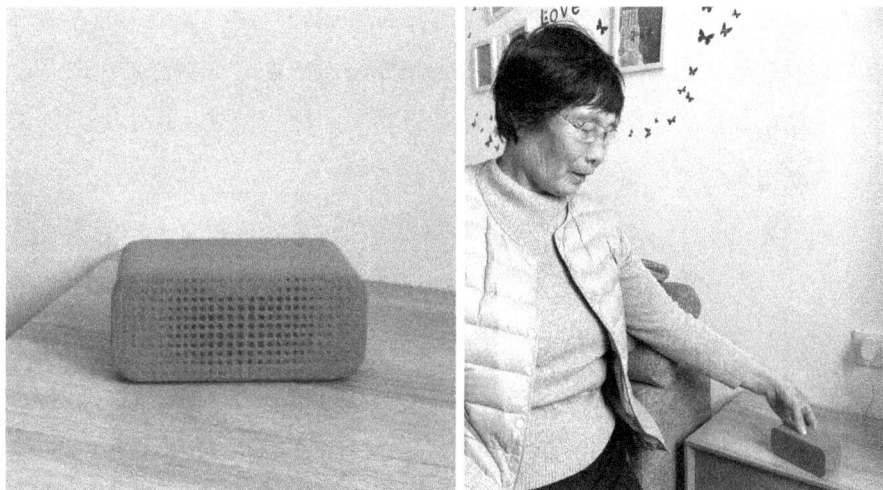

图 8-1　某智能语音助手及使用方式

该智能语音助手在 2015 年推出后就不断进行迭代更新。据该款产品的公司官方统计，截至 2019 年 1 月 11 日，智能语音助手销量已经破 1000 万台，成为国内市场占有率最高的智能语音助手产品，曾连续两年在该类产品中销量排名中国第一、全球第三。此外，该智能语音助手在 2019 年获得了吴文俊人工智能科技进步奖，以及 2018 德国红点奖与 2020 德国 iF 工业设计大奖等多项国际奖项。

智能语音助手对老年人而言不仅是语音助手，还是一位可以提供足够情绪价值的虚拟伙伴，可以舒缓老年人的孤独感和抑郁情绪，对他们的精神生活起到了积极的作用。同时，也是社会关爱、尊重和支持老年人的体现，具有重要的意义。

二、智能陪伴机器人

虚拟护理目前已经成为"新常态"。以色列某公司针对老年人设计了一款智能陪伴机器人，主要为老年人提供社会互动和支持来缓解老年人的孤独感，增强其独立性并帮助老年人保持心理健康和独立生活能力。该设备通过智能语音、认知计算、自然语言处理等多种技术，成功实现了与用户的有效沟通。该公司的创始人表示，智能陪伴机器人事实上是一个多面手，既是协调员又是生活教练，可以从看护、陪伴、健康、认知训练等多方面为老年人提供帮助。

如图8-2所示，智能陪伴机器人被塑造成一个拥有机器人声音的时尚消费电子设备，它没有手、脸和眼睛。该设备其中一部分是由麦克风和扬声器组成的造型简洁的机器人，拥有点亮功能，可以通过语音指令进行操控。此外，它还配备了一个触摸屏平板电脑，可以进行视频通话。它的功能主要分为四大类：娱乐和陪伴、联系、健康和保健以及日常生活协助。该设备会针对每个老年用户的不同情况来提供娱乐和体育锻炼等内容，或进行深入的对话，通过计时器设置和提醒功能进行药物管理，同时还可以为一些不会操作的老年用户提供教学服务。例如，当老年用户对设备表达他们正在感到剧烈疼痛或生理不适时，该设备会主动联系老年人通讯录中

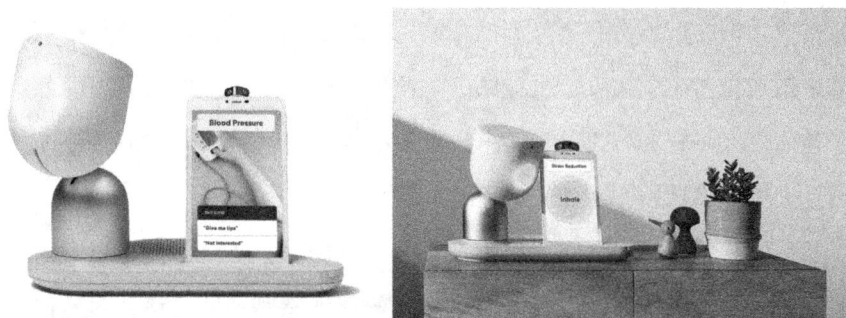

图8-2　智能陪伴机器人

的亲朋好友，以降低健康风险。

与其他的智能语音助手有些不同，该设备的设计主要体现在情感层面，是主打陪伴而不是全方位提供各种服务的设备。它有着贴心的性格，能够理解用户所处的语境，并在老年医学专家和家人预设的一系列目标下自动作出决策。该设备会主动与用户搭话来了解和适应老年用户的需求和喜好，获取及总结该老年用户的习惯，提供个性化的服务和支持。因此该设备不只是对命令有反应，而是像一个真实的虚拟室友一样，能够主动发起互动，提出问题，鼓励老年用户设定目标，做认知游戏，锻炼他们的身体和头脑，帮助老年人保持独立、活跃和快乐的生活。

此外，下载它的移动应用程序即可联系老年人的亲朋好友。通过应用程序，老年人可以和亲朋好友进行社交互动，如视频通话、发短信、分享照片、查看对方的日常生活情况等。此外，当家属发送一张照片给老年人时，该设备会像电子相框一样将照片显示在屏幕上，并且还会根据电子照片中的信息（如地理位置、宠物或物品等）对图片进行主动标记。

该产品在 2018 年获得了 CES 创新奖。纽约州老龄化办公室（NYSO-FA）主任曾说，该产品在改善老年人健康、消除孤独、增强整体幸福感和独立性方面有很大作用。

三、音乐疗法服务

研究认为，个性化音乐对阿尔茨海默病患者和严重失忆患者有着积极的影响。个性化的音乐疗法服务可以帮助患有各种认知障碍和身体疾病的老年人融入社会，减轻痛苦并重拾信心。开发某音乐疗法的项目团队认为，音乐的力量是深深扎根于所有人有意识和无意识的大脑之中的。罹患痴呆症和其他类型的认知和身体疾病的患者可以通过音乐唤醒大脑，并随之唤醒与熟悉的歌曲或心爱的乐曲相关联的丰富记忆。通常音乐疗法的音乐播放列表包含老年人成长岁月中最喜爱的歌曲，能够挖掘出长期以来附着在大脑中的深刻记忆，让听众重获新生，让他们重新找回自我，并能够与人积极交谈、社交并保持活力。

某音乐疗法服务已经使数以千计的痴呆症患者及其他类型的身体和认知障碍患者受益。提供该服务的组织不仅在养老机构提供服务，还为居家培训提供了一种经过实践检验的方法，包括90分钟的现场网络研讨会，可以在居家环境中提供个性化的音乐服务。参加培训的人员将学习如何使用家庭版套件发现最喜爱的音乐，并为其护理的老年人创建个性化播放列表。而每个家庭版套件都配备了在家庭环境中为所照顾的老年人提供个性化音乐所需的全部设备。服务会建议从老年人年轻时起，制作一个20~30首歌曲的播放列表，并根据需要或喜好每次播放30分钟。为确保播放列表能够个性化地达到最佳效果，服务还会建议寻找老人15~25岁时的热门歌曲。

该服务已经获得美国非营利组织 Guide Star 银级认证。目前，该团队的个性化音乐计划已被美国50个州的5800多个医疗保健机构和社区采用。数以千计的护理人员和老年人的亲人通过他们的现场网络研讨会接受了培训，学习了如何实施个性化播放列表计划，并为护理老年人进行量身定制。

四、宠物陪伴应用

国外研究发现，宠物陪伴对老年人起到独特的心理作用，如遛宠物可以强身健体，帮助情绪低落的老年人排解抑郁情绪，帮助急躁的老年人更加耐心地接受治疗，增强幸福感。基于此，某公司开发了一款专门为老年人设计的宠物陪伴与社区社交应用程序。该应用程序计划在社区老年大学或成人日托中心开展与宠物的互动体验活动，吸引老年人参与，开发潜在用户。该应用使用人群主要分为两类，一类是有能力饲养宠物但没时间遛宠物的人，另一类是有时间遛宠物但没精力去饲养宠物的老年人。其主要目标是宠物主人通过应用程序匹配想遛宠物的老年人（被称为"宠物保姆"），在这个互帮的过程中可以增强老年人与社区的联系，并使其主动交友，通过这种方式鼓励老年人养成健康的生活习惯。

从老年人的使用视角来说，该应用程序的使用也十分简单。首先，注册并创建自己的账号，提供个人的基本信息，例如年龄、兴趣爱好等。此后，当老年人所在社区有人需要帮忙遛宠物时，其就可以在应用程序上浏览并选择自己感兴趣的任务，与宠物主人取得联系并约定具体时间。在老年人完成任务期间，应用程序也会实时追踪记录行动轨迹，以确保宠物保姆或宠物遇到紧急情况时，原主人可以及时赶到。如果双方合作良好并有意愿继续合作，可以通过应用程序预约长期合作。长期合作有助于双方发展友谊，通过社区中的动态交流，可以增进老年人与社区的联系，增加社交互动。

除了帮助老年人与忙碌的宠物主人建立联系，服务提供商还专门为老年人设计了一款便携式背包，如图8-3所示，方便他们在遛宠物过程中携带必要的物品。这款背包设计精巧，考虑到了老年人的需求和舒适性，具有多个小型口袋和隔层，可以容纳遛宠物所需的全部物品，给老年人提供更好的遛宠物体验和便捷性。

总之，该服务给老年人提供了另外一种有趣的方式，宠物作为媒介不仅可以让老人享受户外锻炼的乐趣，强健体魄，还让他们与宠物主人之间建立像朋友般的社交互动关系，增加老年人与社区之间的情感交流机会。这有助于老年人排解孤独，并增强在社区的归属感和幸福感。

图 8-3　服务应用和便携式背包

第二节　社交互动

老年人可能因为身体状况、交通不便或其他原因无法经常与亲朋好友面对面交流，这时可以利用智慧养老服务提供的虚拟社交互动平台来增加老年人与亲朋好友之间的社交互动。在这些平台上，老年人可以与家人朋友通过视频通话或即时聊天保持联系，分享生活、开心畅谈，从而减轻孤独感、获得情感慰藉。

一、故事记录分享设备

老年人害怕遗忘和被遗忘，记录和分享故事有助于改善老年人的心理健康和整体状况。基于此，某公司设计了一款兼具电话和故事记录分享功能的老年友好型设备，它使用 AI 技术来扩大和丰富老年人与其家人之间的互动。这款设备旨在成为传统家庭固定电话的替代品，不仅具备电话功能，更主要的是为老年人与亲朋好友之间建立有意义的联系。该设备通过技术应用，采用免提系统消除现有设备的复杂性。它允许老年人以舒适的方式运用语音和视觉功能记录故事，还能够提供情感和认知提示。

如图 8-4 所示，该产品有便于握持的人机尺寸，去掉了家用电话的所有按键，外观设计简洁直观。在操作方式上，设计有意模仿老年人熟悉的电话拨号方式，从而营造出怀旧感。最终的设计符合人体工程学原理，考虑到了关节炎患者和活动受限者的使用舒适性和便捷性。

图 8-4　故事记录分享设备

该设备可以提醒老年用户给亲人打电话，或提醒他们用音乐、地图和时间轴的方式来记录丰富的故事。同时，设备可以通过语音和视频的方式记录老年人讲述的故事，并将这些故事上传到云端存储。总的来说，该设备为老年人的健康和护理提供了创新的解决思路。通过捕捉老年人的故事，该设备不仅可以记录下宝贵的回忆，还可以为老年人提供更好的关怀和支持。

二、远程通信工具

某团队设计了一款新型远程通信工具，利用视频通话技术，为早期阿尔茨海默病患者和亲朋好友提供了一种低门槛的远程团聚方式。该工具选择纺织面料作为覆盖材料，是为了营造出柔和、平易近人的外观。同时，在边缘使用了灯光，使产品在视觉上更加平易近人。该产品的目标是创造一个看起来熟悉，但同时又与信息世界有着紧密联系的物品。它的外形酷似收音机，这就为按下按钮录制、发送和接收信息提供了便利。

如图 8-5 所示，该工具由门户网站和可连接到电视机的摄像机，以及供家人朋友使用的应用程序构成。在使用门户网站时，每当老年用户收到亲朋好友的信息时，只需轻按实体按钮，设备便会亮起，即可查看相关信息。这种实体按钮的点击体验可以让老年人更轻松地进入信息世界。由于该设备是模块化产品，家属可以给阿尔茨海默病的老年用户提供多样的使用方式，如家属既可以使用手机上的应用程序进行连接，也可以同时使用门户网站来进行连接。

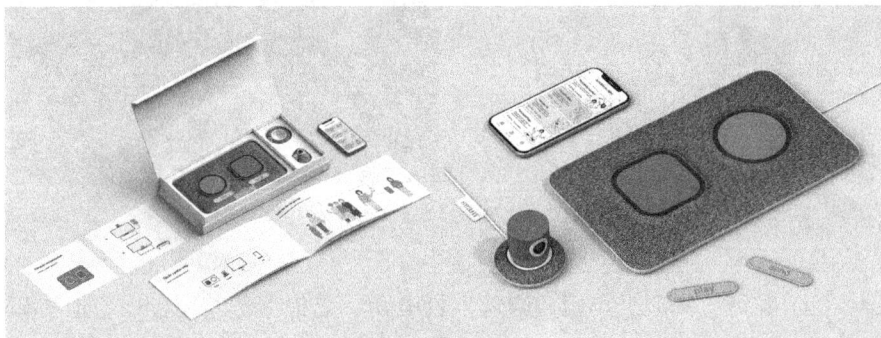

图 8-5　模块化远程通信工具

老年人与家属之间的联系以"异步"通信和"同步"通信两种方式进行，以便为老年人自愿使用提供更多选择，将通信过程更自然地融入他们的日常生活中。如图 8-6 所示，"异步"通信的交流方式是每当阿尔茨海默病患者或亲朋好友想起对方时，可以向对方发送"回忆"（代表"想念你"），即可取得进一步的联系。

虽然这种方式无法将他们完全同时联系在一起，但是在远程通信方面提供了灵活性，使双方能够经常保持联系。然后，在尝试了几次"异步"连接和发送信息之后，双方便可使用"同步"通信了。双方连接成功后就可以根据自己的喜好去享受不同的活动，如唱歌、跳舞或数字游戏。每当对方查看接收到的内容时都会收到通知，由于双方使用的媒介不同，通知的方式也不同。比如，老年人的亲人会在他们的移动应用程序上收到通知，被告知老年人正在查看他们发送的内容。而阿尔茨海默病患者可以录制和发送语音信息，通过设备上的通知灯查看从亲人那里收到的内容，并能随时重播。

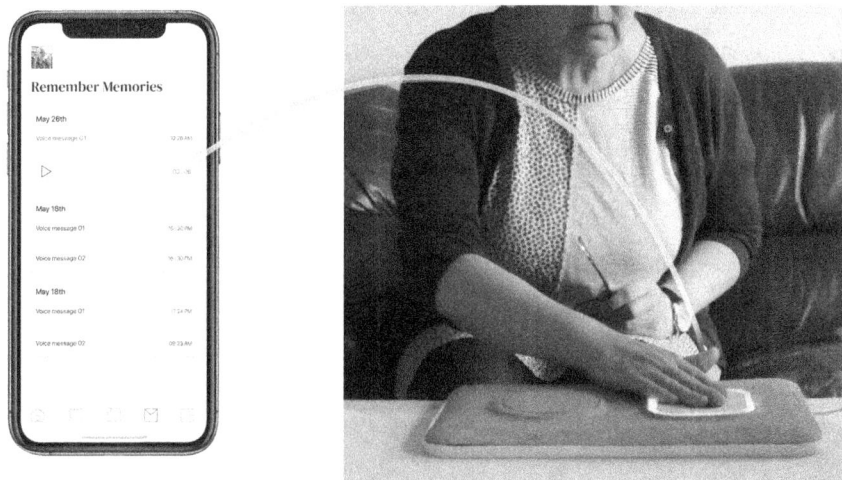

图 8-6 异步通信：亲人可以与阿尔茨海默病患者通过手机端发送信息

该产品在 2021 年获得了 iF 设计新秀奖，目前也在进一步推广中。该产品运用包容性技术缝合了记忆与爱，给予了阿尔茨海默病患者重要的情感支持和认知帮助，缓解了因为与亲朋好友远距离而带来的孤独感与无力感，为他们提供了陪伴和支持。

三、智能云相框

现在社会上有很多老人和子女是分开居住的，他们都渴望有一种方式能让彼此在家庭成员之间分享回忆。老年人对智能手机和电脑的操作不够熟练，而市面上已有的产品并不能很好地满足此需求，比如，我国的微信、美国的 Whats 应用程序等产品的分享交流都是快餐式的，无法系统性保存家庭成员间的照片和珍贵时光。智能云相框可以为许多家庭中的老人提供一种便利的方式，让他们能够及时地看到子女的照片，让家庭间的联系更加紧密。

某品牌聚焦于海外市场的智能家居领域，致力于为用户提供更便捷、智能化的生活体验。目前该品牌第一款主打产品智能云相框已在 2022 年 11 月初正式上市，如图 8-7 所示。该产品主要面向北美市场的中产阶级群体，主打客群是北美 25 岁以上，有家庭、有孩子、有老人、拥有独栋别墅的中产人士。

图 8-7 智能云相框及其所匹配的应用程序

该产品主要特色有两点：一是满足用户对连接家庭成员情感价值的需求；二是满足家庭间交流的需求。首先，子女通过手机应用程序即可远程操控相框，这解决了老年人在打印、空间存储和智能手机使用等方面面临的困难。其次，欧美的送礼习惯倾向于创意性、温情、性价比，这款智能相框很好地满足了这三种特性，经常入围主流社交媒体上的节假日礼物购买清单。此外，该智能相框不仅有照片展示功能，也是市面上首款内置语音助手的智能相框，只要呼唤语音助手，便可以建立便笺或语音备忘录、通知紧急联系人等，非常适合老年人。

该产品赢得了红点、iF 等多个国际奖项。

四、老少社交共享平台

跨年龄的互动有助于老年人保持年轻心态，提高老年人在社区中的参与度，促进老年人思维的活跃。为此，某公司提供了一个老少社交共享平台。该平台的目标是建立一个互惠互利的社区环境，让老年人分享自己所积累的知识和经验，和年轻人进行互动，打破老年人与年轻人之间的壁垒。在这个平台上，老年人可以创建自己的个人账号，设置个人信息和相关的兴趣爱好等，还可以发布知识分享帖或加入各种兴趣群组，通过语音和视频的形式与年轻人进行实时交流和互动，比如介绍自己的兴趣爱好、专长和经验等。而年轻人则可以浏览老年人个人资料，对他们提出问题，寻求生活中的建议或向他们学习了解不到的知识等。

该平台主要有包裹、街头集市和应用程序三个服务内容和触点。包裹类似盲盒形式，一般通过线下的方式寄送给老年人，而包裹内则是一个有主题的卡片，包含一系列的趣味书籍、教育资料、手工等，以实体卡片形式激发老年人的兴趣和好奇心。这些包裹定期邮寄给老年人，让他们在家中了解当代年轻人喜欢的东西。

街头集市是平台组织的线下集体活动。居民们通过社区地图可以了解到附近的活动地点，人员聚集后可自由进行社交活动，如大家可以一起做游戏或分享自己独特的技能和擅长的领域。这个街头集市不仅给老年人提供了活动交流的线下平台，还可以让他们与年轻人面对面分享经验和知识，消除双方的代沟。

通过应用程序，老年人可以自由浏览并选择自己感兴趣的主题包裹，也可以与年轻人进行在线交流和信息分享。此外，应用程序还可以帮助老年人更加精确地找到兴趣相投的朋友和合适的地点进行线下互动交流。因此通过该应用程序，老年人可以随时随地与年轻人交流，提高社交参与度，并享受跨代互助带来的快乐和幸福。

老少社交共享平台在推出后获得了广泛的好评和积极的反响。在这里，年轻人可以成为知识和兴趣的求知者，老年人则可以成为知识和兴趣的分享者。许多老年用户表示平台让他们重新找到了生活的乐趣，通过与年青一代的交流和分享，他们感到自己仍然有价值和参与社区活动的机会，重新获得了信心和尊严。

第三节　休闲娱乐

无论是在虚拟社交互动平台中的在线娱乐、个性化的情感陪护服务，还是认知训练和智力活动等认知娱乐活动都有助于老年人的晚年生活。这些场景提供了老年人感兴趣的游戏、音乐、阅读等娱乐内容，满足了老年人精神慰藉和娱乐的需求，帮助他们度过充实、愉快的时光。

一、适老化搜索引擎

某公司依托其强大的人工智能技术和精细、系统的适老化设计，在2021年推出了一款名为××大字版的应用程序，是专为老年人打造的综合型内容与服务应用软件。该应用软件帮助老年人以更便捷平等的方式获取网络上的各种服务和信息，从而轻松愉快地享受数字化带来的全新生活体验。2018年发布的《老年用户移动互联网报告》显示，目前，国内老年网民数量已经高达8028万，约占老年人口的20%，也就是说每5位老年人中就有1位使用手机上网。且2012年至2018年，老年人触网速度是整体移动互联网普及速度的1.6倍。然而，数量呈现指数级增长的老年网民团体，仍是尚未被完全开发的蓝海。工信部从2021年1月起开展了为期一年的

"互联网应用适老化及无障碍改造专项行动"。业内对此评价称，××大字版应用程序的推出，率先响应了工信部的号召，解决了老年群体使用智能手机应用程序的多个"痛点"。

　　××大字版应用程序，即在××搜索页面上会显示出比普通版应用程序更大号的字体和更醒目的颜色，以便让老年用户或有视力障碍的用户更容易阅读和使用搜索结果。××大字版应用程序以"易阅读、易收听、易操作、易理解"作为适老化改造的设计原则（见图8-8）。易阅读的手段包括增大字号，使用符合老年人生理、心理特征的颜色，提供有效的反馈提示等。易收听的举措包括增大音量、放慢语速等。易操作的改良包括增大触控区、减小或降低手指运动距离和操作精准度要求、提供明确的操作反馈、隐性操作显性化及辅助用户输入等。而易理解的改善则包括采用通俗易懂的文案、提供清晰明确的图标设计、增强信任感、提供即时的帮助等。

　　应用程序的首页以各种热门的短视频内容为主。其他页面则包括"百宝箱""陪伴电台""热榜"等。其中，"百宝箱"包含了"识万物""语音搜索""休闲娱乐""带孩子""生活便利""查运势""政务服务"等各种实用的日常服务。例如，"休闲娱乐"就包括看视频、广场舞、玩游戏、听广播等较贴合老年人需求的服务。至于"热榜"，则主要是最新热门新闻的"××热榜"。如图8-8所示，该应用程序通过精心打造的老年人友好界面，进一步降低了老年人获取信息的难度，使他们能够更加平等地享受更智能的服务和情感陪伴。

　　此款大字版应用程序自推广以来，凭借卓越的产品设计能力和社会影响力，取得了一定的推广效果和好评。该大字版应用程序接连斩获德国红点奖、iF奖，美国MUSE Creative AWARDS金奖，意大利A'Design Award & Competition铜奖，中国设计智造（DIA）佳作奖以及C-IDEA最佳设计奖共计六项国内外设计大奖，设计价值备受权威机构、媒体的肯定。目前

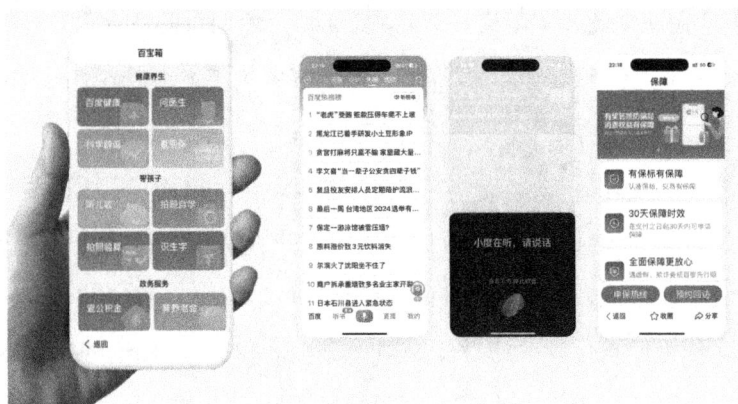

图 8-8　××大字版应用程序交互界面

已服务于近 70 万名老年人，深受老年用户的喜爱与好评。老年人表示，在使用该大字版应用程序后，搜索体验有了显著的改善，能够更轻松地找到所需信息，充实自己的生活，获取新知，享受便捷的服务。

二、网上老年大学

网上老年大学应用程序是深圳市某科技有限公司在 2020 年专门为银发人群设计的全国老年大学官方线上学习应用程序，主要为全国中老年朋友提供知识、资讯、娱乐等优质服务，帮助中老年朋友更好地适应数字化生活，打造老年人的"第二人生"。其目标是为中老年人打造健康、幸福、快乐的退休生活，使命则是用产品和服务提升老年人的生活质量。让每一位老人都能享有公平而有质量的教育，实现老有所学、老有所乐、老有所为。2021 年，网上老年大学应用程序积极响应落实国务院办公厅 2020 年印发的《关于切实解决老年人运用智能技术困难的实施方案》，帮助老年人跨越"数字鸿沟"，开展"智慧助老"行动，开设上百门免费智能技术公益课，并且帮助学校开展智慧助老，提供线上直播平台及课程，目前已有近千所老年大学入驻。

如图 8-9 所示，该应用程序的用户界面简洁明了，操作简单易懂，适合中老年人使用。用户可以轻松浏览和学习内容，让老年用户足不出户就可以轻松学习到许多的知识和技能。许多老年人都在这里进行学习，并与同龄人进行交流，通过软件学习可以让老年生活变得更加充实和满足。该应用程序还有着互动性很强的学习模式、实时更新的学习资源和丰富多彩的娱乐活动。老年用户可以通过观看视频进行课程学习，参与在线讨论，还能与其他用户交流学习心得。应用程序上不断更新迭代的内容有知识、资讯、娱乐、社交、健康等优质服务，其中包括声乐、书法、戏曲、舞蹈、国学、茶道等一系列中老年人喜爱的技能、兴趣等课程。无论是文化课、健康知识还是兴趣爱好，老年用户都能在应用程序中找到相关的学习资源。

图 8-9 网上老年大学应用程序交互界面

网上老年大学应用程序自推出以来，获得了许多好评，也被视为老年教育领域的示范产品。如网上老年大学优秀学员万雪琴，疫情期间在网上老年大学学习 160 余门网课，被《人民日报》、新华社等多家官方媒体报道。如今也有越来越多的中老年人通过该应用程序结交同龄好友，一起分享学习和生活的趣事。该应用程序能帮助老年人更好地适应数字化的生活环境，真正实现老有所学、老有所乐。

三、老年人社区种植服务

很多老年人都热衷于园艺种植，研究表明，适当参与种植活动有助于老年人增强掌控感，对缓解老年人的认知衰退有积极作用。美国某居家种植组织于 2015 年创办，为老年生活社区开展室内园艺项目，其目标是为全美养老社区的老年人带来美好的室内自然环境，帮助老年居民开始或继续园艺生活。老年人可以通过服务项目进行多种互动，包括身体、社交、认知、创造力和精神方面的互动。这些项目为老年人提供了舒缓、积极的活动，丰富了老年人的生活。

如图 8-10 所示，该服务的"治疗园艺"是一项全套服务计划，为居民提供种植治疗课程，内容包括传统的园艺种植课程、植物收获课程，以及园艺艺术。该计划提供了两个创新型室内种植项目——"园艺治疗园"和"烹饪草药园"。这两个项目都提供了促进植物生长的灯、无毒植物和有机土壤。"园艺治疗园"是为行动不便或坐轮椅的轻度障碍老年人提供的园艺帮助，为他们提供无障碍、可移动的园艺工具，便于其在老年社区和种植设施内移动。该项目的现场教育工作者会教授一些基础的园艺课程，老年人通过学习这些课程自主改善其居住的环境和社区的生活。同时，该项目还可为阿尔茨海默病及其他痴呆症患者创造与大自然之间的联系，使他们也能从中受益。"烹饪草药园"与提供全面服务的"园艺治疗园"略有不同，它是为老年人的"DIY"设计的，更加适合独立性相对较强的老年居民。该项目的教育工作者则会通过视频聊天的方式来为老年人提供帮助，他们可以远程查看种植园情况，并指导相关人员进行管理和收获。

此外，该服务还推出了两个特别的园艺种植套件。第一个是"从农场到餐桌"的种植套件，包括种植园的工具供应包、对健康有好处的草药以及包含园艺教程、食谱和活动的可访问在线门户网站，旨在延续园艺治疗

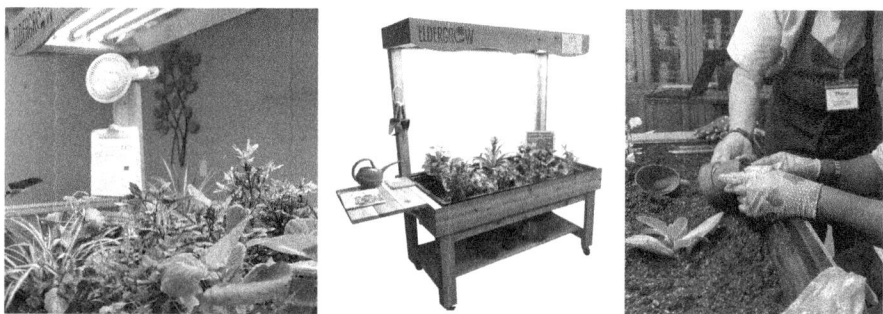

图 8-10 治疗园艺

中有关饮食的益处。第二个是"五感活动"套件，包括特殊植物、活动工具、手工艺品和视频教程。这些工具能帮助老年居民调动他们的视觉、听觉、嗅觉、味觉和触觉五种感官，如使用薰衣草、薄荷、迷迭香等香草来调动老年人的嗅觉。除了提供以上展示的服务项目与工具，服务提供者还会定期对老年人进行评估和监测，通过调整和优化以确保老年人对服务和活动的有效性和适应性。

Elder Grow 通过创新的园艺产品和服务，为居民提供与大自然亲密接触的机会。该团队计划每年 12 个月都能把大自然带入室内，不断壮大居住和护理老年人社区以此改善他们的生活。据 Gardencenter 杂志网站报道，目前美国 21 个州共有近 200 个移动花园。Elder Grow 影响了超过 11,000名老年人，帮助 90% 的居民完全或部分实现了他们的治疗目标。此外，有85% 的居民改善或保持了积极的情绪状态。植物园艺为老年人提供了一种有益身心的活动，让他们有机会与大自然亲密接触，发挥创意，品尝美味，学习知识，并进行社交活动。

四、脑锻炼游戏

老化过程会伴随不同程度认知能力的衰退，游戏可以保持老年人的大脑活跃度、增强注意力、提高学习能力、增强记忆力、改善反应速度和解决问题的能力。为此，某公司在 2005 年推出了一款《脑锻炼》游戏。游戏通过多种不同的、可触摸的高交互式谜题来锻炼玩家的大脑。2019 年又推出了新版脑力训练游戏,新的版本更加方便快捷。

如图 8-11 所示,2005 年游戏机版的《脑锻炼》通过 15 个独立挑战、20 个有吸引力和可触摸的谜题来锻炼大脑。游戏通过网络功能支持 1~4 人对战,还可以与全世界的玩家相互竞争,认识更多的玩伴。

图 8-11 《脑锻炼》游戏界面

而在 2019 年推出的《脑锻炼》主要有两个主模式——日常训练模式和快速模式。

日常训练模式一共包含 13 个小游戏,初期只能玩 4 个,随着打卡天数增加会相继解锁剩余的 9 个游戏。这 13 个游戏的玩法相对比较简单,难度递增,每个难度也有关卡之分,包含速算、图形记忆、逻辑推理之类的游戏。比如五指速算和剪包锤接龙,这两个游戏都需要通过红外摄像头捕捉到手的形状,然后比画出加减题的答案或去比画剪刀、石头、布三种手势,主要考验反应速度。而快速模式包括速算 25 道题、速读或朗读、名曲弹背训练、药丸消消乐等小游戏。快速模式一共有 6 个小游戏,其中 3 个为单人游戏,另外 3 个为双人游戏。双人模式需要玩家各持一个手柄来进行游戏。

目前游戏一共包含近 20 个不同的小游戏,难度循序渐进,结合详细的数据分析,可以清楚地知道自己在反应力、记忆力等方面是不是确有进步。另外,线上的锦标赛模式也已推出,游戏公司在 2020 年举行了《脑锻炼 NS 版》世界大赛"川岛杯"比赛,全球有 6000 多人参加,获得了广泛关注和好评。

小　结

本章分别从情感陪护、社交互动和休闲娱乐三个方面着手，收集了全球范围内精神慰藉场景下的智慧养老服务案例。情感陪护可以通过智能语音助手、智慧服务和信息网络等方式舒缓老年人的孤独感和抑郁情绪，让他们感受到社会给予的亲近感和陪伴感。社交互动方面可以通过便携通信设备、在线社交应用和智能社区平台等方式构建老年人的社交圈子，帮助他们建立新的社交网络来交流和分享生活，拉近人与人之间的距离，实现自我价值。而在休闲娱乐方面可以提供老年人感兴趣的服务、游戏、应用程序等娱乐方式，让他们在现实生活和网络生活中都能找到乐趣，同时也能提升自己的认知能力和学习能力。

老年产品不仅要在功能上满足老人的日常生理需求，还要在心理上满足老年人的情感需求。虽然展示的案例不能完全满足老年人在精神慰藉方面的所有需求，但其中的一些产品和服务被验证可以帮助他们改善消极状态。随着智能技术的发展，智能产品日渐丰富，能更好地满足老年人的情感化需求，老年人的娱乐生活将会更加多元化。

第九章
智慧养老设计综合案例

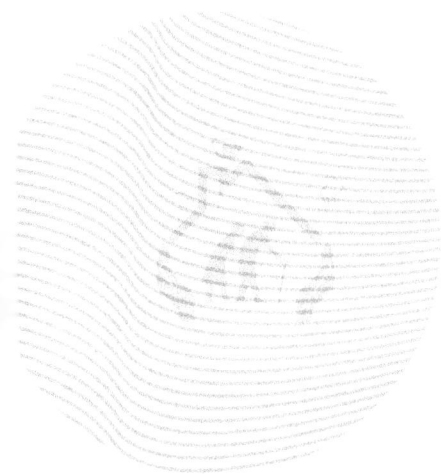

如前面几个章节所述，智慧养老涵盖了多种需求类型，主要集中在生活照料、康养与康护、安全监控与紧急救助、精神慰藉等方面。除了应对单一的需求，很多企业已关注到老年人的多种需求，他们通过整合先进技术和关怀服务，为老年人提供全方位、综合性、个性化的支持，让他们在晚年享受安全、健康和幸福的生活。本章将详细介绍具体案例，阐述这些智慧养老设计如何在实践中提供精细化、智能化的服务，满足老年人多样化的需求。

第一节　智慧适老化改造赋能养老

适老化改造主要是根据老年人的身体特点及生活习惯，对居家环境、家具配置等做一定的调整或改造，以便于老年人通行、洗澡、如厕、休息等日常生活，缓解老年人因生理机能变化导致的生活不适应。智能技术嵌入适老化改造能更好地收集老年人的行为和健康数据，并对意外情况进行及时响应，将居家环境中发生伤害的风险尽量降低，保证老年人的居家安全。

某公司关注到老年居家场景的适老化改造需求，并基于自身的技术优势，研发设计了"智慧养老新生活"的一站式解决方案。

针对独居老年人，该公司进行了家庭养老床位智能化改造，在安全看护、健康管理、生活照料等方面提供智能化、系统化的解决方案。整套解决方案以养老机构为依托，以社区养老服务中心为支点，建立了完善的居家养老服务体系。以智能化入户、适老化入户、专业化服务入户的"三入户"政策为基础，该公司综合各地相关政策和各方需求，形成软硬一体化的技术平台方案，为有需求的老年人提供应急响应服务。有服务需求的老年人可以进行床位申请，通过对老年人进行评估和智能设备嵌入的适老化改造，老年人就可以获得服务和智能监管，具体服务流程如图 9-1 所示。

图 9-1　家庭养老床位及服务流程

　　该方案整合了家庭养老床位管理平台等软件系统和智能床垫、智能手环、视频监控等全套智能软硬件产品，平台架构如图 9-2 所示。围绕"家庭养老床位"，服务提供商可以 7×24 小时对老年人实施监护，依托燃气报警器、门磁传感器、溢水报警器、烟雾报警器、红外推测器、智能床带等智慧健康养老产品的组合应用，提供紧急呼叫、环境监测、行为感知等服务，满足居家老年人对专业照护服务的需求，如图 9-3 所示。

　　具体而言，这套系统可以对居住环境进行智能化设置，具有多区域管理、远程监管、一键求救、自动示警/报警、数据实时传输等优势。通过对公共区域、室内的布点，系统可以将现场的视频集中传送到监控室，在

图 9-2　平台架构

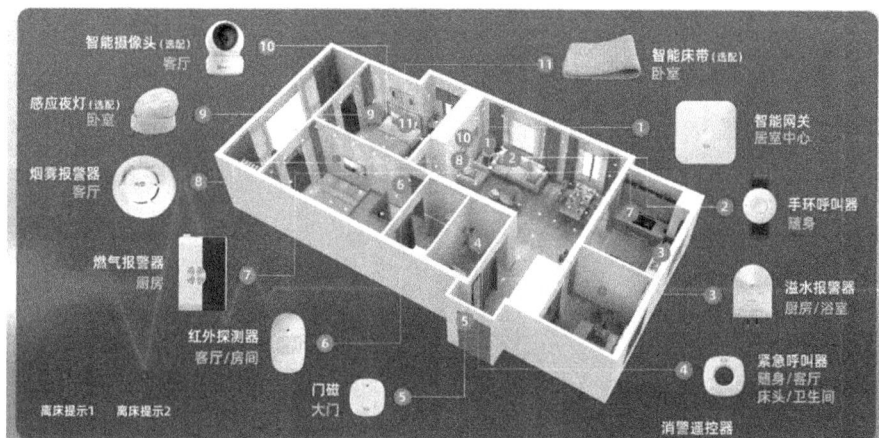

图 9-3　家庭养老床位服务系统智能化改造方案

监控室中或通过上网就能同时对多处区域实时监督和管理，帮助工作人员及时发现区域内人员活动安全情况。当突发意外时，设备将自动发出警报，防止老年人发生人身风险，达到加强管理监督、降低管理成本的效果。

系统还可以对卧床老年人实现持续的身体体征数据监测，具体包含心率/呼吸异常、在床/离床状态、睡眠状态等数据。当老年人出现异常时，系统便会及时预警或报警，减小因人力延误、疏忽导致的风险，如图 9-4 所示。

工作人员还可以给老年人绑定穿戴定位设备，如智能腕表、SOS 报警器等，当老年人外出发生意外时可以一键呼救，服务人员可以根据呼叫信

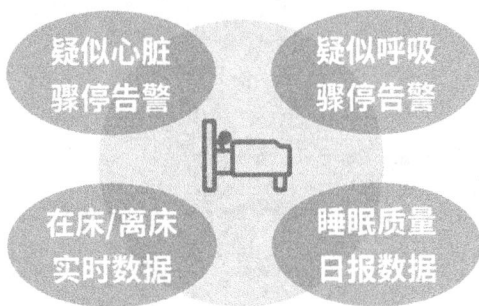

疑似心脏
骤停告警

疑似呼吸
骤停告警

在床/离床
实时数据

睡眠质量
日报数据

图9-4　床位监测功能

息对老年人进行定位，监控中心也会自动弹出报警位置和老年人信息。

　　系统平台主要提供系统管理平台、运营管理子系统、服务人员端小程序、家属端公众号、适老化改造上门服务、民政系统接口等模块，来实现整个服务系统的有效运转与管理。系统管理平台首页呈现了老年人的具体信息、设备分析图、实时报警列表和智能化设备绑定报警数据情况。报警数据用于记录老年人家庭绑定设备的相关报警信息、展示报警的情况、时间，以及客服工作人员给出的处理结果和记录等。各设备的报警能在首页进行一键式操作处理，所有信息都可一键查看。

　　客户管理部分包括客户信息导入、PC端管理人员录入信息、一键批量导入信息等功能，能简化照护者逐条录入信息的烦琐工作。改造管理界面包括适老化现场改造和设备清单，记录已经改造落实过的老年人信息，以及改造需用到的设备、数量，以及现场施工前后的图片对比，便于后期查询审核。

　　针对上门服务的具体实施，这套系统也提供了服务人员端小程序，包括上门服务对象管理、临时工单、工单管理、服务项目、数据统计、异常工单等功能模块，用于支持助老人员接到工单的记录后为老年人上门服务的一系列过程，小程序还支持运营商进行月工单生成、拟派工单及服务项目的一些管理操作。

　　除了以上系统的适老化改造，该公司还提供了老人椅、语音起身沙发、语音纸尿裤、便携床上洗澡机、不怕摔老人内裤、床上起身器、上门评估包等产品和服务，为居家老年人提供全方位的"智慧养老新生活"解决方案。

凭借多年的智能养老设计和丰富的适老化改造经验，该公司获得了合作伙伴的信任，在全国有多个项目实施落地，为中国老龄化和智能养老这一社会难题成功摸索出了一套特有的经验。在落地的诸多项目中，青海省项目共完成了 1189 位老年人的居家适老化改造，处理告警或求助信息2346 条。经过一段时间的运营，该公司对项目所涵盖区域的老人进行上门适老化改造，并为其家属讲解相关告警信息的获取和处理方式，以随需而至的亲情化服务为老年人开启全新颐养生活，用先进的养老理念结合本土化实操经验，为青海高端养老服务行业创立了全新标准。

第二节　机器人赋能养老

早在 2016 年 4 月，工业和信息化部、国家发展改革委、财政部联合印发了《机器人产业发展规划（2016—2020 年）》。规划促进服务机器人在5 年内进入养老服务业。由于专业照护人员的紧缺，很多科技企业争先向助老等领域发展，随着智能技术的发展，"机器人养老"已从概念变为现实。某公司基于长期在人工智能机器人技术研究领域的成果与深入的市场洞察积累，和已有的包含软件、硬件、内容以及服务的完整链条，针对养老服务的不同应用场景，开发了智能代步机器人、辅助行走机器人、箱式递送机器人、开放式递送机器人和陪伴机器人。

图 9-5 所示为智能代步机器人。随着年龄的增长，老年人的身体素质逐渐下降，常常伴随着四肢无力、僵硬等情况，导致行动不便，活动范围受限。而无论是在居家场景还是在医院或养老机构，由于照护者的工作繁

忙，难以腾出时间陪伴老年人外出进行户外活动。老年人代步车是解决该问题的方式之一。在为老年人设计代步车时，需要应对电梯、开关门、床边等多种情况，该产品通过研发更为精准的定位算法，确保老年人在使用该产品时能够更加方便。

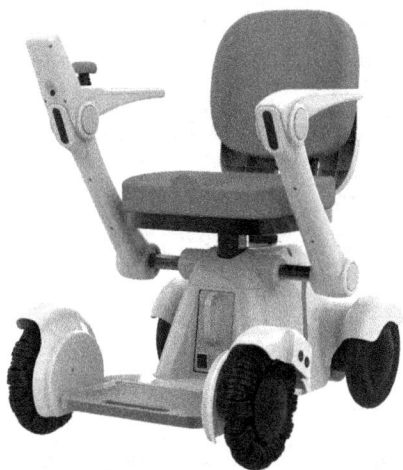

图9-5　智能代步机器人

考虑到老年人可能视力不佳，尤其是在操控代步车时需要同时注意前方路线，这很容易引发意外。为此，该智能代步机器人上安装了多类障碍物识别传感器，以实现有效的避障功能。智能代步机器人的自动驾驶系统还能与电梯和梯控系统联动，以增强使用安全性。作为电动代步车和轮椅的升级产品，智能代步机器人还内置了简便易用的辅助驾驶系统，使老年人能够轻松驾驶。

在辅助行走方面，该公司还推出了专为下肢行动能力受限的老年人和患者设计的辅助行走机器人，如图9-6所示。除了满足老年人的日常移动需求，还减少了因久坐和静止容易导致的四肢协调能力下降、肌肉萎缩和摔倒的风险。辅助行走机器人提供了可升降的扶手、可折叠座椅、可翻转的交互屏幕。通过人机工学设计和智能交互技术应用，辅助行走机器人成为老年人行走康复的得力伙伴。

图 9-6 辅助行走机器人

　　为了避免老年人做弯腰取物等有难度的动作，该公司还提供了两种递送机器人，分别是箱式递送机器人和开放式递送机器人，以满足不同场景的需求。其中箱式递送机器人是一款具有协作机械臂的智能递送机器人，如图 9-7 所示。它采用先进的自主导航技术，配备智能避障、自主抓取、无触配送和密码验证等功能。目前在养老机构等公共场所的运用较多，能有效保障配送脆弱物品的安全性。

　　开放式递送机器人的外形类似餐厅中常见的配送机器人，如图 9-8 所示。它具有智能任务管理能力，能够按照云平台的调度完成复杂任务。开放式递送机器人搭载了场景语义导航系统，能通过深度摄像头、雷达、视觉摄像头等数据的综合处理，进一步识别出配送物体和递送对象，实现送物到人，满足老年人日常移动取物的需求。

　　除了日常护理需求，精神需求也不容忽视。基于此，该公司推出了陪伴机器人，如图 9-9 所示。它能主动地引导用户沟通与交流，还可以通过场景进行语义理解和行为识别，当感知到老年人已经看了很长时间的电

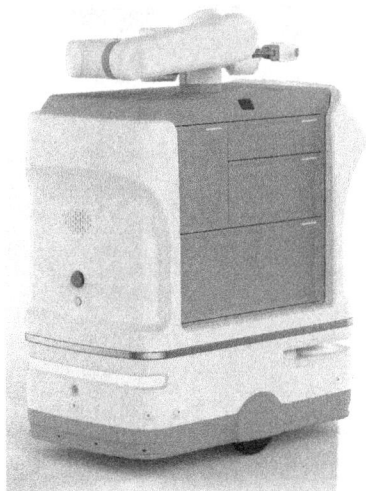

图 9-7　箱式递送机器人

图 9-8　开放式递送机器人

视，同时户外空气质量佳、阳光充足时，它便会主动建议老年人进行户外
活动。尽管有机器人的辅助，家人的陪伴仍然必不可少。因此，陪伴机器

人也能和老年人的家属进行联动，为他们提供访问权限，使得子女在方便的时间能与老年人进行联系。这个产品不仅方便了老年人的日常生活，还增进了老年人与家人的沟通交流。

图 9-9　陪伴机器人

除了以上五大产品，该公司的云平台作为大脑中枢将机器人与养老运营融合为同一平台，能够与社区、养老机构、医院病房等场景实现信息互联互通与深度融合。云平台相当于管控整个养老环节的"超级大脑"，将人工智能和服务系统相融合，将养老运营管理、第三方服务接入、运营服务监管、机器人智能调度和物联网设备监控五大系统有机整合在一起，让人工智能和机器人与照护者协同工作，进行智能化调度管理，实现全天候陪护和自主学习运营，让整个养老服务系统更加高效和智能。

目前，整套解决方案已经落地于多家养老机构和医院，包括深圳蛇口和盐田招商颐养中心、上海松江泗泾新凯敬老院、香港大学深圳医院等，成为老年人生活中的好帮手。在未来，该公司还将继续针对居家、社区、机构和医疗场景下的养老需求发力，从用户需求出发，构建真正能满足不同场景的智慧康养服务体系。

第三节　互联网+赋能养老

"互联网+养老"是指利用互联网技术和平台，整合线上线下资源，为老年人提供便捷、智能、个性化、多元化的养老服务。《"十四五"国家老龄事业发展和养老服务体系规划》提出培育老年人生活服务新业态，推动"互联网+养老服务"发展，推动互联网平台企业精准对接为老服务需求，支持社区养老服务机构平台化展示，提供"菜单式"就近便捷为老服务，鼓励"子女网上下单、老人体验服务"。

作为中国综合养老运营标杆企业，某公司在2015年引入"互联网+"概念，提出"平台战略"，即将平台系统接入家政、金融、信息、健康管理等各类服务功能。该企业根据老年人的生理、心理特征和养老的特殊需求，有针对性地推出了五大服务体系，包括舒心安家、安心保家、康复佑家、助引福家、喜乐全家等服务项目，为独居老年人、短期康复老年人、保健老年人以及健康老年人提供个性化服务方案。该企业利用自己的渠道优势和专业的养老服务，在各地建立养老综合体，涉及老龄用品市场、护理培训学校、老年康复中心、颐养中心、智慧养老研究院等，逐步完善养老产业链。

企业通过"助医、助餐、助洁、助浴"等"十助上门服务"的严格标准化，提供个性化的居家生活服务，如图9-10所示。这些服务可以归纳为居家生活、居家安全、居家健康三个方面。

居家生活方面，主要通过智能工单系统，为老年人提供360度养老生活小助手，具体包含主动关爱、生活照料等服务。该企业还注重老年人的

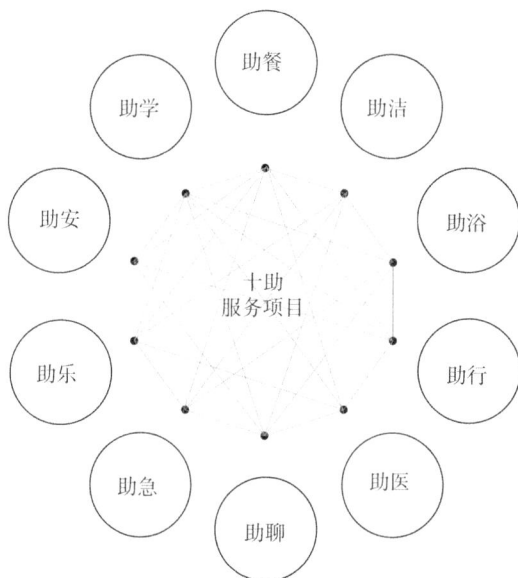

图 9-10 十助上门服务

精神慰藉和情感关怀，通过陪聊、陪体检、帮买菜、帮清洁等方式，提供更贴心的生活服务。居家安全方面，通过紧急救援和人工智能看护，为老年人提供全方位安全保障，包括意外救援、日常监测、健康干预等服务。居家健康方面，通过建立老年人的身体健康数据档案，实时进行数据跟踪和反馈，为老年人提供 365×24 小时的健康管家，如图 9-11 所示，包括专家上门、远程问答和适当的膳食指导等服务。此外，该企业还引入以色列智能健康看护仪及远程医疗技术，通过数据采集和分析，为老年人提供健康监测和干预服务。

完整的智能终端设备、智慧云中心和多功能的呼叫中心，配合线下上门服务，组成了完整的"智慧居家养老"服务系统。终端使用居家养老的智能设备，可以对场景进行智慧感知，智慧云中心对老年人终端设备中的信息进行大数据分析，智慧养老云呼叫系统，如图 9-12 所示，面向老年人群，结合公司提供的服务板块以及第三方机构提供的服务，可以连接紧

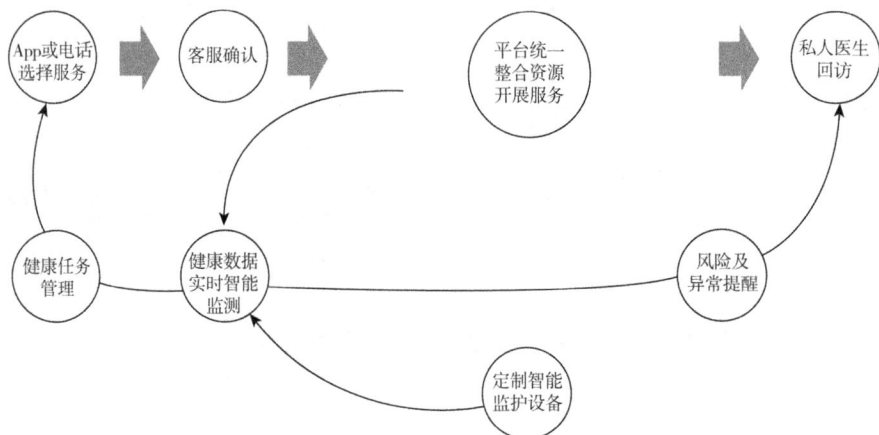

图9-11 365×24小时健康管家

急救援或电话问询，提供体检、电话医生、门诊预约、叫车、代缴账单、家政等近百项老年人生活所需的服务。

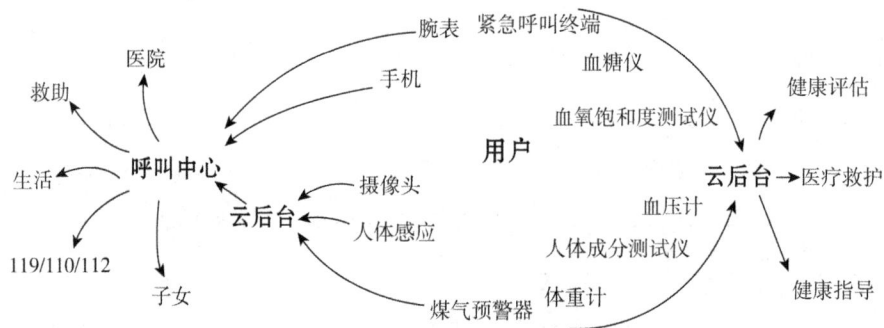

图9-12 智慧养老云呼叫系统

在商业模式上，企业面向零售市场推出了三款一键通居家服务套餐，以满足不同人群、不同层次的需求。（1）安享套餐：针对所有老年人，提供紧急救援、信息咨询、生活家政、主动关爱、电话医生等服务。（2）安福套餐：针对所有老年人，在安享套餐之外增加了全国120救援救助、住院绿色通道等服务。（3）安康套餐：针对老年人中行动不便、需要慢病管理和上门医疗服务的老人，在安福套餐基础上增加了健康体检、健康面对面和慢病管理等服务，满足老年人更丰富的医疗保健需求。

除了居家场景，企业也面向社区和机构提供养老服务。社区场景因地制宜，和各地政府联合建设了符合辖区老年人需求的五位一体的"社区服务中心和站点"逾 600 个。五位一体包含"医食住行乐"，即即时医疗（医）、智慧助餐（食）、日托夜托（住）、康复护理和认知症照护（行）、老年教育（乐）。机构场景中，企业逐步在各城市建立医养融合、五院一体的"城市综合颐养中心"，将"社区综合服务中心、养老院、护理院、医院、护理培训基地"充分融合。为进一步发挥医养结合的专业优势，该企业从认知症照护到各类康复护理，链接各类医疗服务资源，实现院中和院后一站式照护服务管理，充分提高医疗资源使用效率，提升机构及居家服务效能。

以自主运营的智慧养老指挥中心、自主研发的信息管理系统平台、专业化的线上线下服务团队为基础，该企业整合优质社会资源，为广大老年人提供居家、社区、机构三位一体的全方位养老服务，目前已在上海、北京、重庆、天津、江苏、山东、浙江、安徽等 20 个省/直辖市开展业务。截至 2024 年 6 月，已服务老年用户 2000 万人，累计为各地政府建立智慧养老指挥中心 100 个。

第四节　人工智能物联网赋能养老

独居老年人在居家环境下会面临各种问题，采用人工智能物联网（AIoT）技术连接智能设备，可以对老年人居家环境的安全风险、行为意外风险和体征异常风险进行实时动态监测，实现多种风险及时预警并通知子女，为老年人提供智能守护，一站式解决老年人居家安全问题，让老年人居家更舒心，子女更放心。

　　基于此，某公司凭借在人工智能、物联网芯片、模组与系统设计研发上的优势，洞察养老行业需求痛点，推出了智慧居家养老品牌。该品牌开发了拥有自主知识产权的机构信息化管理软件系统，解决机构信息化、业务流程标准化、连锁化、营销数字化、培训系统化等管理问题。此外，该品牌充分发挥自身智能硬件开发能力，自主研发解决居家场景安防、健康、陪护需求的智能产品，例如具有问诊功能的智伴机器人、无感睡眠监测带等单品。智慧居家养老云平台则充分运用互联网、物联网、大数据和区块链等前沿技术，将医疗机构、护理康复机构、健康管理机构等第三方服务机构关联起来，实现数据互通互动，助力政府、机构开展社区居家养老服务和家庭床位建设。

　　智慧居家养老系统整合了企业积累的软件和硬件技术，通过"智能硬件—终端界面—云管理后台"之间的互联互通，解决居家老年人的家中安防、紧急呼叫、体征监测、日常交流等养老管理需求，提升养老服务机构的管理效率。系统打通与政府监管部门的数据交互，为养老服务机构节省了日常的监管上报处理时间。此外，系统还提供面向护工的终端界面，让养老服务机构实现护工服务工单高效和可靠闭环；提供面向老年人家属的终端界面，实现智能硬件数据对家属的透明化。智慧居家养老系统结构，如图 9-13 所示。

　　此外，该品牌建构了覆盖 AIoT 全产业链的垂直整合算法与软件系统体系，以自主创新芯片为核心的垂直整合终端产品体系，软件体系包括终端软件、云端软件、物联网无线连接协议、AI 算法软件、嵌入式软件等，产品体系包括自研终端设备、自研网关设备、自研模组、自研芯片等，实现从底层到云端，从硬件到软件，从单品到系统的生态链全覆盖。AIoT 全系统采用自有芯片方案，包含主控芯片、触摸芯片、通信芯片等，提供物联网智能产品全领域全系列式解决方案，自主开发基于 2.4GHz 频段的支持接收/发射半双工工作的无线控制芯片和协议，同时兼顾多款市场协议

智能手环（4G）● 健康监测● 居家摄像头（WIFI）● 居家安防（NB-IOT）

智能硬件（5G-AI）

呼叫中心平台

二级运营平台

一级运营平台

客户端APP

服务人员端APP

志愿者APP

系统平台
（云端部署）

智慧养老云平台

平台角色

政府监管

一级运营

二级运营

三方加盟

家庭医生

公益组织

技术运维

运营架构

政府（市民政）● 一级平台● 社区服务中心/养老机构（入驻）● 辖区老人

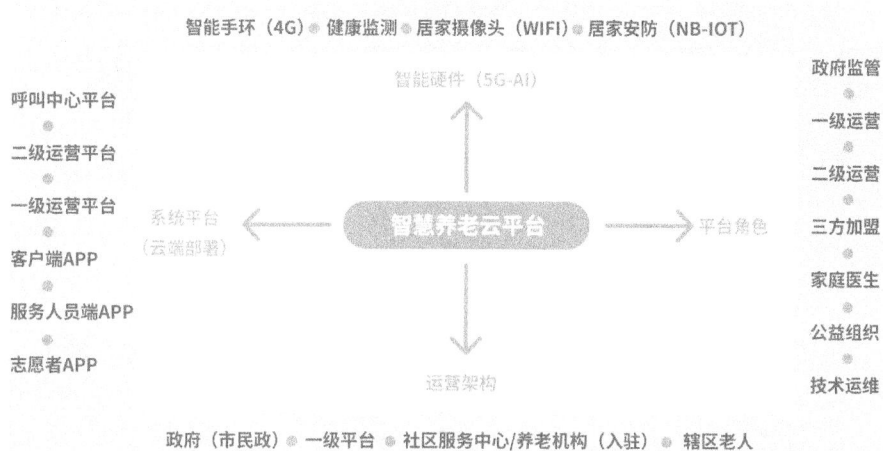

图 9-13　智慧居家养老系统结构

Wi-Fi、BLE 等。多年来，该品牌累计开发 50 多款智能硬件模组和产品，产品覆盖范围广，从智能开关、智能灯、智能门锁到无人机、机器人，等等。

基于 AIoT 系统，该品牌推出了"跌倒监测系统"，见表 9-1，通过跌倒监测智能守护设备，为老年人提供 24 小时居家安全监测。当老年人发生跌倒时，设备会自动触发警报，以寻求家属和签约机构的帮助。

表9-1　物联网产品解决方案

基础设备	跌倒检测系统	忘事提醒系统	睡眠监测系统
一键呼叫按钮 安装在床头、卫生间和客厅等位置，遇到紧急情况可实现一键紧急呼叫，向平台、家属发出求助信号 **智能网关** 各类传感器设备的对接终端，各类设备警报将从网关发出，也是各类场景联动的枢纽	**跌倒雷达** 安装在卧室洗手间等室内顶部，高于人体安装。当在探测区域出现快速跌倒动作时，雷达会进行跌倒报警。当在探测区域中，出现人长时间静止时，雷达会根据停留时间进行分级报警	**漏水报警器** 可实时监测家中用水安全，当监测到漏水、积水现象时，及时向用户发送报警信息，通知用户采取措施以避免损失财产 **门磁探测器** 可以监测开门状态，实现陌生人入侵报警和关门提醒 **烟雾报警器** 当监测到烟雾浓度超标、有火灾风险时，立刻报警，支持实时推送报警信息，提醒用户第一时间采取措施，排除险情	**感应小夜灯** 安装在床头过道、洗手间等位置，如遇老人路过会亮起，防止因视线昏暗引起的跌倒 **睡眠监测带** 放置在卧室床垫下，监测用户生命体征，并有夜间离床未归提醒、白天久卧提醒。监测睡眠质量，生成睡眠报告

基础设备	跌倒检测系统	忘事提醒系统	睡眠监测系统
		燃气报警器 可实时监测家中的用气安全，支持天然气、液化石油气等气体监测，感应准确率高，自带报警喇叭，支持实时推送报警信息。	

针对老年人的记忆衰退，该品牌推出了"忘事提醒系统"，见表9-1，重点提供关门提醒、漏水提醒、燃气泄漏提醒和烟雾浓度超标提醒等服务。当出现上述情况时，系统会自动触发警报，并通过电话和短信向用户发送告警，提醒老年人及时处理，帮助老年人守住最后一道安全防线，解决老年人忘事的后顾之忧。

解决方案包含漏水报警器、门磁探测器、烟雾报警器、燃气报警器、智能网关和紧急呼叫按钮等设备。

针对老年人的睡眠安全问题，该品牌推出了"睡眠监测系统"，见表9-1，睡眠监测解决方案包含紧急呼叫按钮、智能网关、睡眠监测带、感应小夜灯，可监测老人睡眠时的体征情况，生成睡眠报告，同时支持夜间离床未归和白天久卧提醒。感应小夜灯在老人起床时会自动亮起，预防老人因视线昏暗引起的跌倒风险。当老人遇紧急情况需寻求帮助时，按下紧急呼叫按钮可一键寻求签约机构、紧急联系人的帮助，进而全方位守护老年人的睡眠健康与安全。

除了场景化物联网产品，该品牌还开发了多款明星产品。其中一款主要的智慧养老物联网产品为健康监测仪，用于居家养老、睡眠监测、运动监测、患者管理、健康管理、情绪监测等场景。该产品能对多种全身健康风险进行评估，包括心律失常风险、慢性病风险等，并提示潜在疾病风险，以便早发现、早诊断、早治疗，该产品还可以通过人工智能大数据建立个人健康模型，预测健康风险。监测仪采用毫秒级采样频率，数据更精准有效，通过对生命体征进行连续监测，掌握健康趋势。此外该产品所采用的被动压力传感，全程无接触，安全无辐射。

此外，该品牌还为中老年人打造了一款智能陪伴型健康机器人，如图9-14所示。机器人可以将家庭医生、健康监测、智能家居、娱乐陪伴与生活服务等多项功能整合，为老年人和其家庭提供精准的健康服务。结合其他智能硬件产品，通过语音交互，机器人可实现智慧家居互联。对开通线下服务的机构所在地区，通过机器人还可实现居家养老服务在线预约。

图9-14　智能陪伴型健康机器人

第五节　服务人员精准匹配赋能养老

虽然数字技术和机器人可以部分解决护理资源不足的问题，但在很多具体的工作内容上，机器人还是很难完全替代人力，此外，很多老年人还是希望有真实的服务人员为其提供生活方面的辅助。为此，美国一家聚焦于居家养老的数字健康服务平台公司开发了一项服务，以"为老年人提供非专业医疗的护理及生活服务"为主要内容，将老年人、护理人员和护理团队联系起来。该服务利用人工智能技术，将健康的社会决定因素和护理需求与最合适的资源相匹配，为老年人、护理人员和护理团队提供简化的数字化体验。

老年人在购买了该服务后，会匹配到一个真实的服务人员，他们所提供的服务可以满足老年用户的基本日常需求，包含帮忙叫车、送餐、购买食物、家庭维修、找医生、看处方、寻找优惠方案、寻找适合老年人的课程、帮助他们进行社交或者其他需求。老年人或家庭照护者只需要"打电话"这一个简单的动作就能完成服务的订购。被匹配到的服务人员，每周至少会给老年人打一个电话了解情况，然后会列出一份清单，将客户能做的事情做成计划表，老年人也可在工作日的工作时间内随时打电话给服务人员，避免了通过手机进行操作的麻烦。

该项服务包含健康监测、预警服务、代买服务、视频通话、语音互动等。健康监测服务是通过电话对老年人进行定期的健康评估，收集老年人的身体状况、生活习惯、心理状态等数据，分析老年人的健康风险和需求，为其制订个性化的健康计划，并提供相应的建议和指导。预警服务则是通过电话与老年人保持联系，及时发现老年人的异常情况，如跌倒、中风、心脏病发作等，及时通知家属和紧急救援服务，加强老年人的安全保障。代买服务主要是通过电话为老年人提供各种服务的信息和推荐，如交通、食品配送、医疗保健预约、家政服务等，并帮助老年人完成服务的预订和支付，节省老年人的时间和精力。视频通话则是通过电话为老年人提供视频通话的服务，让老年人可以与家属、朋友、医生等进行面对面的交流，加强老年人的社交活动和情感支持。语音互动主要通过电话为老年人提供语音交流，让老年人可以与智能语音助手进行对话，获取各种信息和娱乐内容，如天气、新闻、笑话、音乐等，丰富老年人的精神生活。

该服务的架构如图 9-15 所示，服务人员通过兼职进行工作，每周工作时长不低于 10 小时（通常是 10~15 小时），每小时的薪资是 15 美元。兼职工作的方式大大解决了护理供给不足的问题，提升了健康医疗资源的利用率。服务提供商还会为服务人员提供专业的培训和工具。服务人员还需要定期与护理人员、专业陪诊员分享反馈、互相学习，以提高服务质量，更新服务方式。除了每周打电话，必要时服务人员需要到会员家中提供服务，例如帮忙买食物、送诊、陪诊等。服务人员还需要支持会员自我成长，如加强社交能力，为他们设定目标，如学会社交媒体软件的运用、学会一首歌、计算每日开销的账单等，这些服务能让老年人体会到价值感。

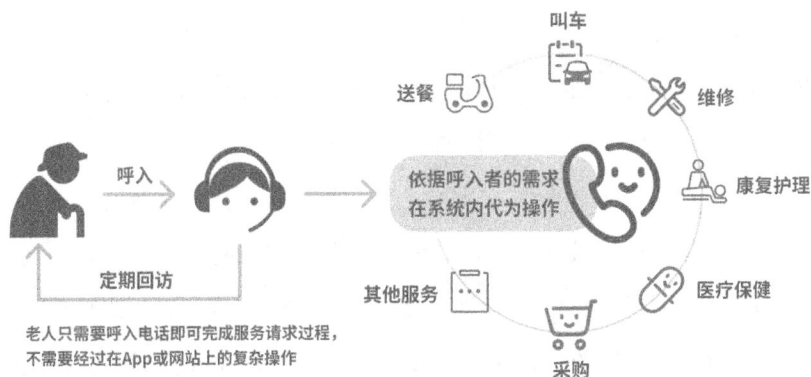

图 9-15　非专业医疗的护理及生活服务基本架构

总体来说，该服务激励老年人和护理人员识别健康生活的障碍，并将老龄化需求与相关福利、当地社区资源和政府计划相匹配。通过打电话这个较原始的渠道，这项服务可以惠及更多老年人，也能使老年人得到更多非专业医疗护理、日常陪伴和日常琐事的帮助，服务门槛不高，成本低，覆盖面广。以"兼职+年轻人"作为服务者的搭配，是该服务规模能够在短时间得到扩大的主要原因。

小　结

　　本章在国内外收集了基于复合需求场景下的智慧养老服务案例，包含智慧适老化改造、机器人、互联网+、人工智能物联网、服务人员精准匹配这五个智慧养老的具体赋能方式。通过以上案例，我们可以看到在居家养老环境中，智能技术与老年人的各种需求场景相结合，让老年人日常生活更加便捷、安全，为老年人提供高品质的生活体验。

第十章

总结与展望

智能技术应用到居家养老中，为老年人的生活提供了便利，为居家养老服务提供了新的解决思路，但也面临着诸多挑战，具体包含数据互通性、技术伦理性、设计适老化和服务落地性四个方面。为应对这些挑战，本章也提出了对未来的展望。

第一节　数据互通性

智慧健康养老利用物联网、云计算、大数据、智能硬件等新一代信息技术产品，能够实现个人、家庭、社区、机构与健康养老数据的有效对接和资源的优化配置，推动健康养老服务智慧化升级，从而提升健康养老服务质量和效率。事实上，我国智慧养老服务平台和相关产品已经呈现了几何式的增长趋势，并在多个养老环境中得到实际应用。

数据互通有助于促进资源的整合与优化配置，提升智能化水平。在多元化的养老服务中，各方机构和企业往往存在资源重复投入的问题。通过数据共享，不同机构可以更准确地了解资源的分布情况，避免资源的浪费和重复利用，实现资源的优势互补，提高养老服务的效率。同时，借助物联网、大数据和人工智能等技术，可以更精细地监测老年人的健康状况、生活习惯以及社交需求，实现个性化的健康管理，为老年人提供更为贴近其需求的养老服务。

此外，数据互通还能够实现多方联动，共同推进智慧养老的发展。养老涉及医疗、健康、社交等多个领域，各领域的专业知识各异。通过数据共享，不同领域的专业人士可以参与养老服务的提供与决策制定，确保服务的全面性和针对性，从而更好地满足老年人的需求。

但数据互通在实践中也会带来一系列挑战。首先，隐私与安全问题是一大难题。养老服务涉及大量个人隐私，如医疗记录、家庭情况等敏感信息。数据互通可能引发隐私泄露和信息安全的风险，一旦数据被不当使用或泄露，可能导致严重的社会问题和法律纠纷。其次，标准与规范不统一也制约了数据互通的实现。不同机构和企业之间的数据采集、存储和共享标准有所差异，缺乏统一的数据交换标准和规范，这可能导致数据不一致或互通受限，阻碍了数据的流动性。

不同系统之间的数据交换涉及技术问题，需要克服跨平台、跨系统数据格式不兼容等难题，同时需要投入资金用于技术更新和维护，成本较高，这对于一些资源有限的机构来说可能构成一定压力。此外，数据质量与有效性是确保数据互通性成果的关键，共享数据的质量直接影响养老决策的科学性和准确性。数据来源不同可能带来的数据不一致，将进一步影响决策的合理性和实施效果。

解决数据互通性面临的挑战需要多方共同努力。政府部门可通过数据共享全面了解老年人的整体状况和需求趋势，从而制定更具科学性和合理性的养老政策，并能够更有效地监控政策执行效果，不断优化养老服务体系。为达到这一目标，一方面，需要多方合作加强制定数据交换的标准和规范，以确保数据的一致性和流动性。另一方面，由于国家层面对于政府部门间信息资源规划缺位，需从国家层面进行规划推动。举例来说，可以颁布明确的信息共享清单或条例，以确保养老信息互联互通有法可依。唯有在国家层面进行全面、详细、有力的规划推动，才能减少甚至消除政府部门间数据共享的障碍。同时，也应强化数据安全保障措施，采用加密技术和区块链等手段，以确保养老数据的隐私和安全，从而提高数据的可信度。目前政府部门信息资源的分割在一定程度上是行政体制按职能划分造成的，各部门视信息资源为利益资源，在推进行政体制改革的同时，政府部门需突破"数据割据"的限制，积极促进信息资源共享。这将为养老领域的数据互通性创造更为有利的环境，从而促进养老服务的持续优化与创新。

未来，养老机构、医疗机构、政府部门等各类相关机构将逐步建立起更加完善的数据交换平台，实现数据的实时共享与传输。随着行业共识的形成，将会有更多的努力致力于制定通用的数据标准和操作性规范，进一步提升数据的互通性。通过数据共享与整合，智慧养老将更好地满足老年人多样化的需求，提供更加精准、便捷和人性化的养老服务，从而为老龄化社会的可持续发展贡献积极力量。

第二节　技术伦理性

智慧养老领域的技术伦理性是涉及老年人尊严、隐私保护以及社会责任的重要议题，同时也应明确技术的介入不能取代家庭的关怀和孝养，而是为家庭关怀和孝养提供更大的便利。

一、安全和隐私

在技术介入智慧养老领域的过程中，确保老年人的安全和隐私尤为重要。随着物联网、人工智能等技术的应用，大量个人数据被采集、存储和分析，如智能化养老服务系统通过数据信息采集老人的身份证号码、指纹、住址等大量的隐私信息，数据泄露、滥用和黑客攻击等风险也随之增加。此外，智能设备记录老年人睡眠质量、日常运动量、日常活动范围等信息，并通过对这些信息进行深度挖掘，分析老年人的需求，一旦运用不慎，老年人隐私信息就将成为商业牟利的工具，长此以往将导致老年人的恐慌和焦虑。

政府应加强监管，制定严格的数据保护法规，促使企业和机构建立健全的数据隐私保护机制。同时，技术开发者也需注重数据加密、脱敏等措施，有效保障老年人的个人隐私安全。

二、技术责任主体

随着照护机器人的出现，服务老年人的方式变得更加多元化，服务内容也更加精准。但需明确的是，照护机器人并不能直接替代人类照护者，在照护机器人的发展过程中，务必重视服务伦理和服务机制，必须谨记"仅因达到照护目的并不能证明照护手段合理"的观点，应从伦理的角度考虑机器人的服务行为是否合适，以及当机器人照护出现安全问题时如何追责的问题。

在养老服务的组织层面，机器人养老服务存在独立性问题。尽管机器人能够提供问诊、康复等服务，但通常需要人类专家的监控和决策。机器人无法在缺少人类指导的情况下独立提供养老服务，这涉及机器人服务规范的底层设计和机器人的决策。一是机器人的服务规范往往是预先设定的，难以自主创新，且样本训练难以全面考虑各种情况，若机器人进行独立决策可能导致不符合伦理要求的服务。机器人决策困境涉及用户需求与服务机制之间的冲突，尤其在需求困境和特殊情境下，机器人的决策变得关键，但也引发了结构性不公的忧虑。二是机器人服务可能呈现出虚假的交流互动，甚至出现故意提供虚假信息的可能性。

此外，智能服务机器人的广泛应用不可避免地带来了责任界定上的问题。智能服务机器人的服务是人类用计算机编写出算法程序而设计出服务内容和流程，但其在为老年人提供照护或医疗服务过程中也存在一些潜在的威胁性和安全隐患，对造成事故的责任主体不明确。若决定允许机器人介入养老服务领域，那么接受服务的老年人应当从中获益，机器人的介入应当确保老年人的自主权、自决权以及自理能力得到保护或提升，老年人的权益绝不应因接受机器人服务而受到任何形式的损害。

在技术应用过程中，明确责任主体是至关重要的。政府应在立法和政策层面明确相关规定，规定技术产品和服务的权责分配，明确企业、开发者等在技术故障时的补救责任。同时，建立技术审查和监测机制，政府可以在初期就发现并修正潜在的技术风险，减少后续的法律纠纷，防止出现责任主体模糊不清的情况。

智慧养老实施过程务必明确养老照护机器人在组织伦理、过程伦理、结果伦理和影响伦理等方面面临的独立性问题、真实性问题、尊严问题以及风险问题。在此背景下，对服务规范的综合性和适应性应予以强调，以确保机器人在服务老年人时不产生对特定群体的偏向。决策机制的塑造应专注于权益的保护和公平性的维护，以杜绝偏见对判断的影响。在机器人养老服务治理方面，应以责任伦理为导向，积极促进机器人养老服务向多元化、适老化、协同化、规范化、康养化以及增能化的方向迈进。

三、关怀与孝养

技术介入养老领域，为老年人提供了生活服务上的便利，但仍不可取代情感支持与人文关怀。虽然智能服务机器人的应用降低了养老护理人员的护理难度和强度，某种程度上替代了子女亲属的实际照顾。然而，老年人真正需要的照护服务不仅是机械化冷冰冰的服务，更是充满情感和温度的人文关怀，照护服务需要使老年人能感受到家人的关怀和温暖。

然而，目前智能服务机器人的人机交互过程还较难实现情感互动，也无法完全满足老年人所需的情感慰藉，特别是对于长期患病或者失能的老年人，他们可能情绪低落，急需情感交流。长期缺乏与护理人员或者家属的情感沟通，会使他们的情绪压抑得不到宣泄，产生不同程度的心理或精神抑郁问题。因此，智能化服务并不能替代子女的陪伴和孝养义务，子女的赡养义务也不仅是为父母提供衣食住行的生活照护，更应从精神层面上陪伴老人，给予老年人发自内心的关爱。

未来，智慧养老服务将鼓励技术创新与人文关怀的融合，例如在智慧养老服务中引入情感化设计、远程陪伴等，以技术作为关怀的辅助手段而非取代。此外，培养专业的老年人照护人员，提供真正有温度的服务，是维护老年人尊严的关键。

随着科技不断进步，智慧养老领域的技术应用将进一步深化。政府在技术伦理性方面的作用不容忽视。首先，政府应建立完善的法律法规体系，为技术应用提供明确的法律指导。其次，政府应强化对技术开发和应用的监管，确保其不侵犯老年人的权益。相关监管部门还可以敦促技术企业进行伦理评估，鼓励技术创新与社会责任相结合。

然而，技术伦理性的未来发展不仅是政府的责任，也需要企业、技术开发者、学术界和全社会的共同努力。企业应当树立社会责任意识，注重产品安全和用户隐私，不应以牺牲老年人权益为代价追求商业利益。技术开发者应具备伦理教育和社会责任意识，充分考虑老年人的需求和心理，以人为本地开发技术。学术界可以深入研究技术伦理的学理问题，为决策者提供科学建议，共同保障技术创新和人文关怀之间的伦理平衡。

第三节　设计适老化

随着我国物联网、大数据、人工智能等信息技术的飞速发展，智能化服务正逐步渗透到养老领域。但是很多老年人并未融入数字时代，他们无法享受远程医疗、智能健康监测等智能化服务的便利，老年人面临的"数字鸿沟"问题日益凸显。

为进一步推动解决老年人在运用智能技术方面遇到的困难，让老年人更好地享受信息化发展成果，2020 年国务院办公厅印发了《关于切实解决老年人运用智能技术困难的实施方案》，明确了技术适老化的具体任务。

2022 年南都大数据研究院联合蚂蚁公益基金会发布的《适老化设计与服务参考指南》成为全国首份研究"适老化设计标准"的报告，该指南涵盖"阅读无障碍"、"理解无障碍"和"操作无障碍"三方面的 12 条细则。旨在通过优化排版、字体、图标等，提出适老化服务的"四个一"原则，即"靠近一些、放慢一些、口语一些、重复一些"，为老年人创造更合适的数字产品设计。

此外，2022 年 8 月阿里云、零点有数与上海交通大学设计学院联合发布的《银发族数字化产品适老化研究蓝皮书》提出了八个主要原则，旨在优化用户体验、降低学习门槛，以更好地满足其需求。一是保持稳定且相似的产品框架环境，降低学习难度，增强用户信心。二是构建信任与安全感，从人身、财产和隐私安全多角度考虑，满足"银发族"的安全需求。三是在展示内容方面克制功能和资讯信息，确保内容精简而实用。四是强调亲友连接，通过社交联系和亲友引导，帮助用户更好地适应数字生活。五是简化操作流程，提供快捷且直接的操作方式，降低操作难度。六是通过多样场景引导策略帮助用户更快地了解和使用功能。七是在用户情绪与容错方面，考虑用户可能的出错情况，提供解决方案，同时注重情绪的包容性。八是在界面信息展示中，突出重点信息，保证清晰易读的界面设计。

这些方案、指南和蓝皮书表明了政府和企业通力解决技术适老化的决心。首先，企业的积极参与和经验推广将成为关键驱动力，企业担负着设计责任，随着更多企业参与开发适老化产品和服务，带有人文关怀的设计必将成为企业的竞争优势。目前很多互联网应用已经进行了适老化和无障碍改造，尤其是与老年人日常生活密切相关的应用，包含新闻、社交和购物等领域。如，某购物到家应用程序重新规划和优化了应用程序页面设计、流程设置等功能，提供了大字体、极简功能选项，从而让页面浏览更为清晰简洁，提升老年用户的体验质量。又如，针对老年人的5G智能手机，通过特色功能如远程协助、信息共享和紧急求助等功能为老年用户提供便利，还内置了应用程序，支持远程协助，家庭成员可以远程操作手机设置提醒、下载应用程序等。

此外，适老化设计的推广落地还需要社会态度的积极转变。随着社会对老年人角色认知的演变，老年人不再被视为负担，而是被视为有价值的资源，这一变化将驱动社会提供更多支持和关怀。在社区层面，很多地区深入推行"智慧助老"行动，借助社区、养老服务机构和老年大学等平台，编制老年人智能产品应用教程，开展视频教学、体验学习、尝试应用、经验分享、互助帮扶等智能技术应用培训活动，切实解决老年人在智能技术应用方面的困难，方便老年人使用智能产品，确保老年人平等、便利地分享科技进步的红利。

深圳大学传播学院教授周裕琼指出，老年人是个很复杂的群体，要尊重老年人的异质性，互联网产品也应该为不同的老年群体提供渐进式、递进式的服务。比如，帮助已经进入数字化生活的老年人进一步融入数字文化，帮助还没有完全融入的老年人掌握更多的数字技能，为不愿意融入的老年人提供非数字化的关怀。这一差异化的数字化服务思路也为我国发展智慧养老服务提供了参考。

第四节　服务落地性

服务落地性指服务或技术在实际应用中与预期效果的一致性，以及其在特定场景下的精准化程度，这不仅涉及技术的应用，更涉及人文关怀和服务流程的精细化管理。目前，智慧养老服务的设计与实际场景多样性之间存在一定的鸿沟，许多智慧养老解决方案在设计阶段未充分考虑实际场景的多样性，致使服务难以满足特定场景下的需求。此外，一些社区居家养老服务站点在服务组织上存在混乱和能力不足等问题，这也使得智慧养老的服务落地存在困难。

在设计服务或产品时，应当深入了解老年人的生活方式，始终将老年人的需求和习惯放在首位，确保服务设计与老年人的需求相匹配。同时还应针对精细化的场景进行服务设计。近期，根据不同老年人群和不同场所的需求，上海市率先梳理了老年人的需求，聚焦4类12个场景。安全防护类包括老年人防跌倒、老年人紧急救援、认知障碍老年人防走失、机构出入管控、机构智能查房、机构智能视频监控6个场景。照护服务类包括老年人卧床护理、家庭照护床位远程支持2个场景。健康服务类包括老年慢性病用药、机构无接触式智能消毒2个场景。情感关爱类包括老年人智能语音交流互动、老年人智能相伴2个场景。对场景的精确定义有助于服务的落地。

此外，智慧养老服务提供者的专业素质和服务能力不足也阻碍了服务的顺利落地。在设计过程中，服务流程的优化至关重要，应尽量减少服务过程中可能的困难。此外，需要为服务细节提供详尽的指导，并加强售后支持等。我国专业护理人员严重短缺，需要培养一批专业的服务团队，能够利用先进的技术手段为老年人提供服务。

总的来说，我国已经完成了智慧居家养老的基本技术储备，然而要实现高质量的智慧居家养老，一方面要进一步完善技术建设，多方通力合作，解决数据互通的问题，填补用户隐私安全方面的漏洞。另一方面要树立正确的技术理念，避免技术至上或技术消极的倾向，做到技术创新与人文情怀协调发展，并且充分认识到人的主体责任，确保养老服务的"温暖"。未来，智慧居家养老适老化设计和场景需求的精细化定义还有很大空间。政府、企业、社会组织等应该相互协同，为老年人提供智慧、优质、温暖的服务体验。

参考文献

［1］王庆德．我国应对人口老龄化养老服务的模式研究［J］．现代商
贸工业，2022，43（18）：82-83.

［2］张昊．智慧养老视域下中国养老服务体系的优化路径研究［D］.
长春：吉林大学，2020.

［3］睢党臣，彭庆超．"互联网+居家养老"：智慧居家养老服务模式
［J］．新疆师范大学学报（哲学社会科学版），2016，37（5）：128-135.

［4］刘兆旭．人口老龄化背景下居家养老服务供给存在的问题与对策
［J］．就业与保障，2023（5）：76-78.

［5］魏强，吕静．快速老龄化背景下智慧养老研究［J］．河北大学学
报（哲学社会科学版），2021，46（1）：99-107.

［6］张静．中国老年人的需求分析：以马斯洛的需求层次理论为切入
点［J］．思茅师范高等专科学校学报，2010，26（4）：27-30.

［7］胡爱敏．高速老龄化背景下我国养老服务的着力点：以马斯洛需
求层次理论为观照［J］．中共福建省委党校学报，2012（12）：92-97.

［8］钟振亚．基于老年人生理与行为特征的无障碍家居设计研究
［D］．南京：南京林业大学，2016.

［9］黄俊辉．养老服务类型学分析：兼对部分认识误区的澄清［J］.
老龄科学研究，2021，9（2）：65-78.

［10］王锴．居家养老服务质量：概念辨析、评估进路与政策因应
［J］．社会政策研究，2020（3）：89-102.

［11］江海霞，张澜，陈雷．居家养老服务质量评估指标体系构建研究［J］．广西经济管理干部学院学报，2015，27（2）：7-11.

［12］胡光景．政府购买社区居家养老服务质量评估体系研究［J］．山东工商学院学报，2012，26（5）：93-98.

［13］腾讯SSV银发科技实验室&腾讯研究院．隐形的守护：银发科技蓝皮书2022［R］．北京：腾讯研究院，2022.

［14］SHI W S，CAO J，ZHANG Q，et al．Edge computing：vision and challenges［J］．IEEE internet of things journal，2016，3（5）：637-646.

［15］周静敏．老旧住宅适老化改造的问题和对策［R］．长沙：2023中国城市规划学会住房与社区规划专业委员会年会，2023.

［16］王菲．智慧康养视阈下的"老少共融"设计案例解析［J］．装饰，2022（5）：52-63.

［17］薛新东．社会参与对我国中老年人认知功能的影响［J］．中国卫生政策研究，2018，11（5）：1-9.

［18］王磊．独居老人的养老风险及其规避分析［J］．重庆理工大学学报（社会科学版），2020，34（12）：64-70.

［19］何妮，霍聪聪，徐功铖，等．人工智能应用对养老服务质量的影响：基于杭州、合肥、武汉三地调查的实证分析［J］．社会保障研究，2021（5）：72-80.

［20］文中豪．空巢老人精神慰藉及其影响因素研究［D］．上海：上海师范大学，2021.

［21］李博楠．北京市养老服务研究［D］．北京：中央民族大学，2017.

［22］姜小卉．老年人权利保障的国家义务研究［D］．武汉：中南财经政法大学，2020.

［23］KOTLER P．White paper on silver brand：opportunities and challenges of China's elderly consumer market［R/OL］．（2023-05-16）［2023-08-16］．https：//www.kotler.com.cn/silver-brand-white-paper.

［24］艾瑞咨询．2022年中国商业养老服务市场发展研究报告［EB/OL］．（2022-10-21）［2024-06-14］．https：//report.iresearch.cn/report/202210/4083.shtml.

［25］陈昫．责任伦理视角下数字时代机器人养老服务治理［J］．武汉大学学报（哲学社会科学版），2022，75（4）：173-184.

［26］曹成霖，郑信，曹文文，等．老年人孤独研究中文文献计量与可视化分析［J］．中华全科医学，2023，21（8）：1411-1415.

［27］张彧文，王颖，辛照华，等．老年人孤独感严重程度以及社交孤独、情感孤独的影响因素：以上海市3个区为例［J］．复旦学报（医学版），2024，51（1）：1-11.

［28］陈璐．从"断缘"到"结缘"：联结性视角下农村老年人精神慰藉的自组织实现：基于湖北省G村老年协会的案例研究［J］．兰州学刊，2023（9）：121-135.